DVD付き

はじめての少年野球

監修　JBS武蔵

成美堂出版

本当に大切な

だれでもレベルアップできる!

3つのポイント

野球はボールを打つ・投げる・とる、または走るといった多くの動作でおこなわれるが、実は3つのポイントを習得すれば、それらの動作はおどろくほどレベルアップする!

下半身から回転する!

タメをつくりながら前足ステップ!

パワーポジションをつくる!

ポイント1

パワーポジションをつくる！

カラダの小さな人や筋力がない人でも、大きなパワーを生み出すことができる姿勢がある。それがパワーポジションだ。

この姿勢をとると、背中やお尻、太もものうらなどの大きな筋肉が自然と使われ、かまえが安定する、スイングスピードが上がる、速くスタートできるといった効果がある。

Part ② ボールを打とう！ かまえ方 ➡ 48ページ
Part ③ ボールをとろう！ かまえ方とスタート ➡ 84ページ
Part ④ 試合をしよう！ リードとスライディング ➡ 130ページ

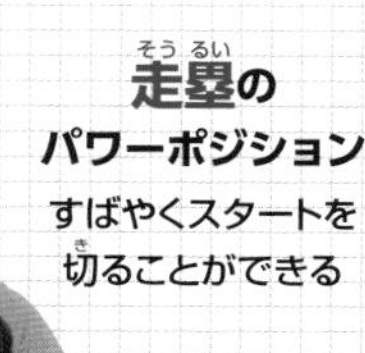

走塁のパワーポジション
すばやくスタートを切ることができる

守備のパワーポジション
打球に対してすばやく動き出すことができる

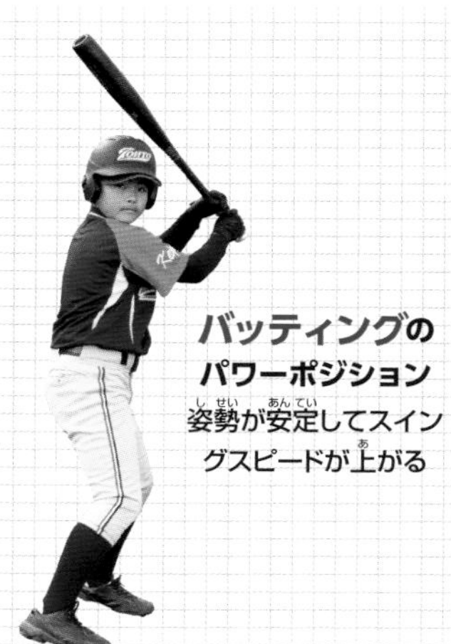

バッティングのパワーポジション
姿勢が安定してスイングスピードが上がる

パワーポジションがカラダを安定させて大きなパワーを生み出す！

ポイント2

タメをつくりながら前足ステップ！

大きなパワーを生み出すには、後ろ足から前足への体重移動を意識してほしい。打つときや投げるときにふみ出す前足をすぐについてしまうのではなく、後ろ足で地面を押すイメージでふみ出すのだ。この後ろ足のふんばりが「タメ」とよばれ、スイングや腕のふりを加速させる。

Part ① キャッチボールをしよう！ 前足ステップ ➡ 20ページ
Part ② ボールを打とう！ 前足ステップ ➡ 54ページ

タメをつくりながら前足をステップすればスイングや腕のふりが劇的に加速する！

ポイント3

下半身から回転する！

バットやボールをもっているのは腕だが、打つときや投げるときに動き出すのは、腕ではなく足からだ。下半身→上半身→腕という順でカラダが回転することで、大きなパワーが生み出される。気持ちがあせると腕から動き出してしまいがちだが、グッとこらえて下から順に動き出せるようになろう。

Part ❶ キャッチボールをしよう！ カラダの回転 ➡22ページ
Part ❷ ボールを打とう！ カラダの回転 ➡56ページ

3

腕の回転
最後に腕が出てくることでスイングがより加速する

2

上半身の回転
下半身に次いで腕を後ろに残したまま肩が回る

1

下半身の回転
前足ステップをしたら腰を中心に下半身が回る

下半身→上半身→腕という順で回転すればパワーをフルに活用できる！

DVD付き はじめての少年野球 目次

Part ❷ ボールを打とう！ 43

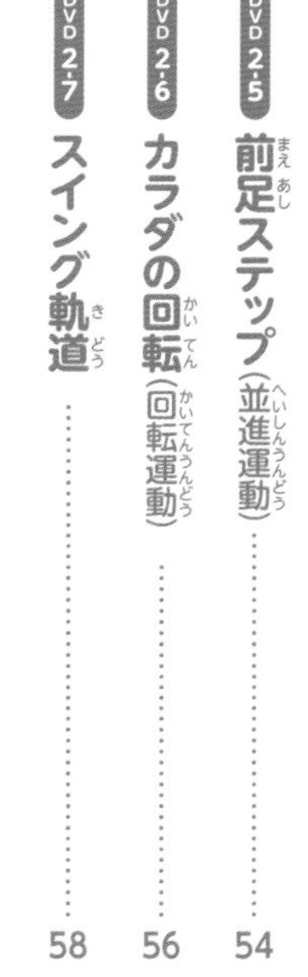

Part ❸ ボールをとろう！……81

本書の特長

特長1 はじめてでもわかりやすい技術解説！

大切なポイントを紹介。練習ではこのポイントを意識してやってみよう。

大きくて見やすい写真で野球がうまくなる技術をていねいに解説。

上達のコツやまちがいやすい落とし穴を解説。

カラダの回転（回転運動）
下半身、上半身、最後にヘッドが出てくる

1 前足をついたら下半身が回り出す

2 上半身が回転をはじめグリップが出てくる

3 最後にヘッドが回りボールをとらえる

下から上に向かって順々に動き出す

特長2 練習ドリルで楽しみながらレベルアップ！

楽しみながらゲーム感覚でおこなえる練習ドリルを多数紹介。

体重移動が身につく❷
ワンレッグスイングドリル

やり方

1 かまえをつくり後ろ足に体重をのせる

2 前足に移動させて前足をふみ出す

3 前足1本で力強くスイングする

体重移動を前足で受け止める！

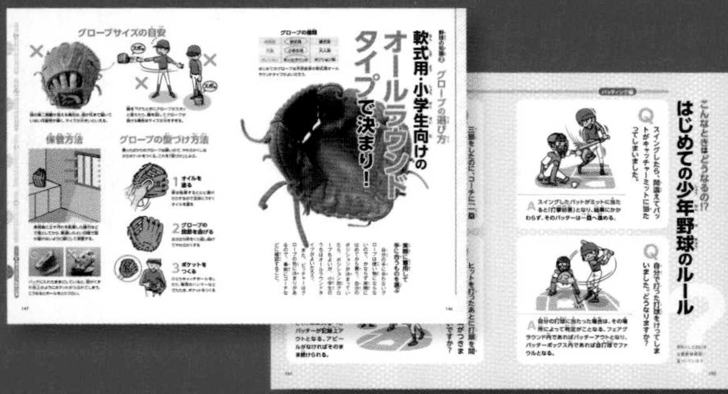

特長3 道具選びや野球のルールも紹介！

野球をはじめた人のために、道具の選び方やむずかしい野球のルールもイラストを使って解説。

DVDの特長

特長1 本と連動しているからわかりやすい！

誌面の右上にDVDチャプター番号が記載されていて、本とDVDが連動。本で技術を学び、DVDで動きを確認しよう。

特長2 スロー再生で気になるポイントをおさらい！

DVDでは大切なポイントをスロー映像で解説している。速くてわからない腕のふりやバットの軌道なども確認できる。

特長3 練習ドリルも実演しているのでわかりやすい！

本書では多くの練習ドリルを紹介しているが、そのすべてをDVDで実演しているので、動き方や動作のリズムなどを参考にしよう。

DVDの使い方

DVD70分!

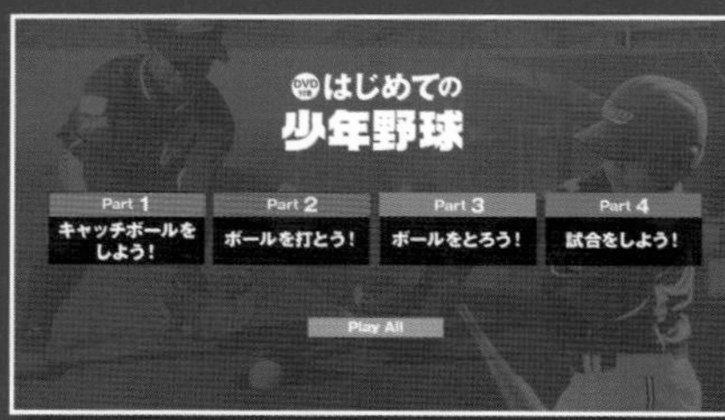

メインメニュー

すべてをまとめて見たい場合は「Play All」をクリックし、章ごとに見たい場合は各章をクリックする。

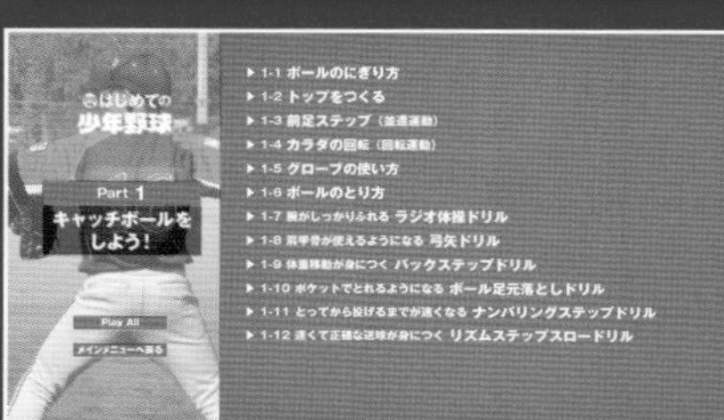

各章メニュー

すべてのチャプターを見たい場合は「Play All」をクリックし、ひとつのチャプターを見たい場合は、そのチャプターをクリックする。

ポイント解説

各チャプターに収録されている映像では、大切なポイントをテロップで表示したり、スロー再生を使い、わかりやすく解説している。

DVDビデオの取り扱い上のご注意

●このディスクにはコピーガード信号が入っています。そのためコピーすることはできません。

●ディスクは指紋、汚れ、キズ等をつけないようにお取り扱いください。

●ディスクが汚れたときは柔らかい布を軽く水で湿らせ、内周から外周に向かって放射状に軽くふき取ってください。レコード用クリーナーや薬剤等は使用しないでください。

●ひび割れや変形、また補修されたディスクは危険ですから絶対に使用しないでください。

●使用後は必ずプレーヤーから取り出し、専用ケースに収めてください。直射日光の当たる場所や高温、多湿の場所をさけて保管してください。

●ディスクの上に重いものを置いたり落としたりすると、ひび割れしたりする原因になります。

DOLBY DIGITAL 16:9 LB ALL

＊本DVDビデオや本書において乱丁・落丁、物理的欠陥があった場合は、不良個所を確認後お取り替えいたします。必ず本書とDVDディスクを合わせてご返送ください。

＊本DVDビデオおよび本書に関するご質問は、郵送かFAXにてお送りください。なお内容の範囲を超える質問にはお答えできない場合もありますので、ご了承ください。

DVDビデオを使用する前にお読みください。

DVDビデオは、映像と音声を高密度に記録したディスクです。DVDビデオ対応のプレーヤーで再生してください。

Part 1 キャッチボールをしよう！

Part1の3つの目標

ボールをとる、投げるを正確に速くおこないたい！

目標1

腕にたよらずに下半身を使って投げる！

ボールを投げる力は手や腕よりも、下半身の体重移動やカラダの回転によるものが大きい。腕の力にたよっても速いボールは投げられないので、足から動き出すボールの投げ方をしっかりと身につけよう。

正確に投げたり、とったりできるようになったら、次はそれを速くおこなえるようになりたい。そのためには、足をステップさせて、とってから投げるまでを一連の流れでおこなうことを目指そう。

★ ボールのとり方➡26ページ
★ ナンバリングステップドリル➡36ページ
★ リズムステップスロードリル➡38ページ

自分のおヘソより高い位置にあるボールはグローブを上向きに、低い位置にあるボールは下向きにして使うこと。またボールはグローブのアミではなく、中央のポケットとよばれるくぼみでとる。

★ グローブの使い方➡24ページ
★ ボール足元落としドリル➡34ページ

基本のにぎり

DVD 1-1

ボールのにぎり方
人差し指と中指の間をボールの中心にする

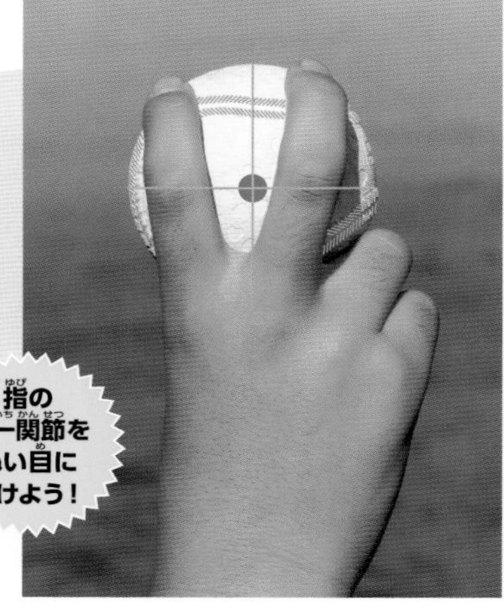

人差し指と中指をぬい目にかける

人差し指と中指をぬい目にかけ、ふたつの指の間がボールの中心になるようににぎる

親指と薬指で下から支える

手首を柔らかく使いたいので、手のひらはボールにつけずにすき間を空けておく

手の大きさに合わせてにぎり方をかえる

ボールをにぎるときに大切なことは、人差し指と中指の間がボールの中心になるようににぎること。そして手のひらとボールの間を空けること。まっすぐ速いボールを投げるために、このふたつのことは忘れずに覚えておこう。

もし、手が小さくてボールをしっかりにぎれないときは、中指がボールの中心にくるように3本指をぬい目にかける。

手が小さい人のにぎり

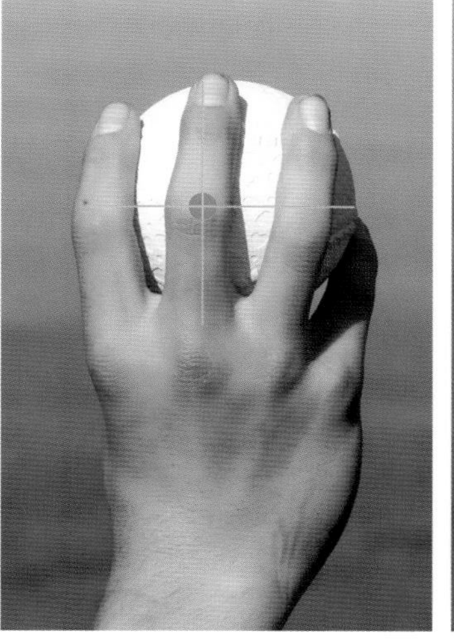

中指を中心に 3本指でつかむ

人差し指と中指、薬指でボールをつかみ、ボールの中心に中指をおく。ボールの下は親指と小指で支える

まちがったにぎり

手のひら全体でボールをにぎる

手のひらにすき間を空けないと、手首のスナップを使って投げられない

上達のコツ

ひとりキャッチボールで正しいにぎりを練習

自分のグローブにボールを投げたら、すばやくボールをとり再び投げるをくり返す、ひとりキャッチボールで正しいにぎりを身につけよう。

DVD 1-2

トップをつくる

ヒジを肩の高さまで上げ肩甲骨を背骨によせる

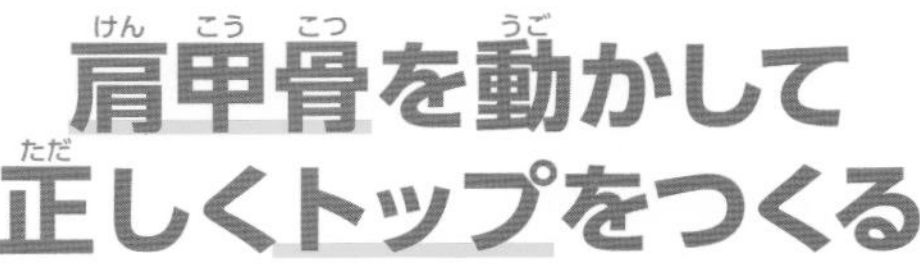

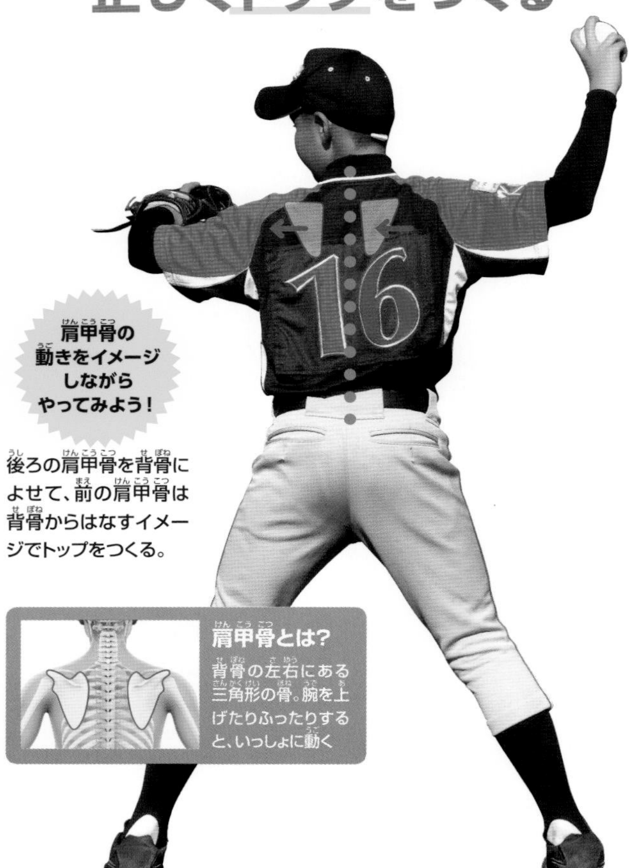

後ろの肩甲骨を背骨によせて、前の肩甲骨は背骨からはなすイメージでトップをつくる。

肩甲骨とは?
背骨の左右にある三角形の骨。腕を上げたりふったりすると、いっしょに動く

トップをしっかりつくり強いボールを投げる

ボールを投げる動作のトップとは、ボールを後ろに引き上げたときの一番高い位置のことをさす。

トップをつくるときに大切なことは、ヒジを肩の高さまで上げることと、肩甲骨を上の写真のように動かすイメージをもつことだ。このふたつができれば、腕が大きくふれるようになり、自然と強いボールが投げられる。

1 胸の前でグローブをかまえボールをつかむ

ここからボールとグローブを引きはなし、弧をえがくように両手を下ろす

2 ボールを上からつかみ両手を上げる

ボールを上からつかんだまま、小指を上にして両手を上げる

× 下からつかむ

ボールを下からつかむと手で押すように投げてしまう

3 ヒジを肩の高さまで上げトップをつくる

ボールをもった腕のヒジを肩の高さまで上げてトップをつくる

上達のコツ

肩・ヒジごしから投げる方向を見る

前の肩甲骨を背骨からはなす意識でトップをつくり、その前肩とヒジごしに投げる先を見るクセをつけるとフォームが安定する。

DVD 1-3

前足ステップ（並進運動）後ろ足で地面を押すイメージで前足をふみ出す

前足をすぐに下ろす
前足をすぐに下ろすと、カラダもすぐに前を向き手投げになる

3 前足をつくと同時にトップをつくる
ふみ出した前足をつくタイミングで、ヒジを肩より上げトップをつくる

カラダの重心を前に移動させる

前足をステップするときは、ただ足を前に出すのではなく、おヘソの下にあるカラダの重心を前に移動（並進運動）させることが大切だ。この重心の移動でボールを投げるパワーが生まれる。

そのためには、後ろ足で地面を押すイメージだったり、後ろ足の内ももに力を入れるような意識をもって前足をふみ出すとよい。

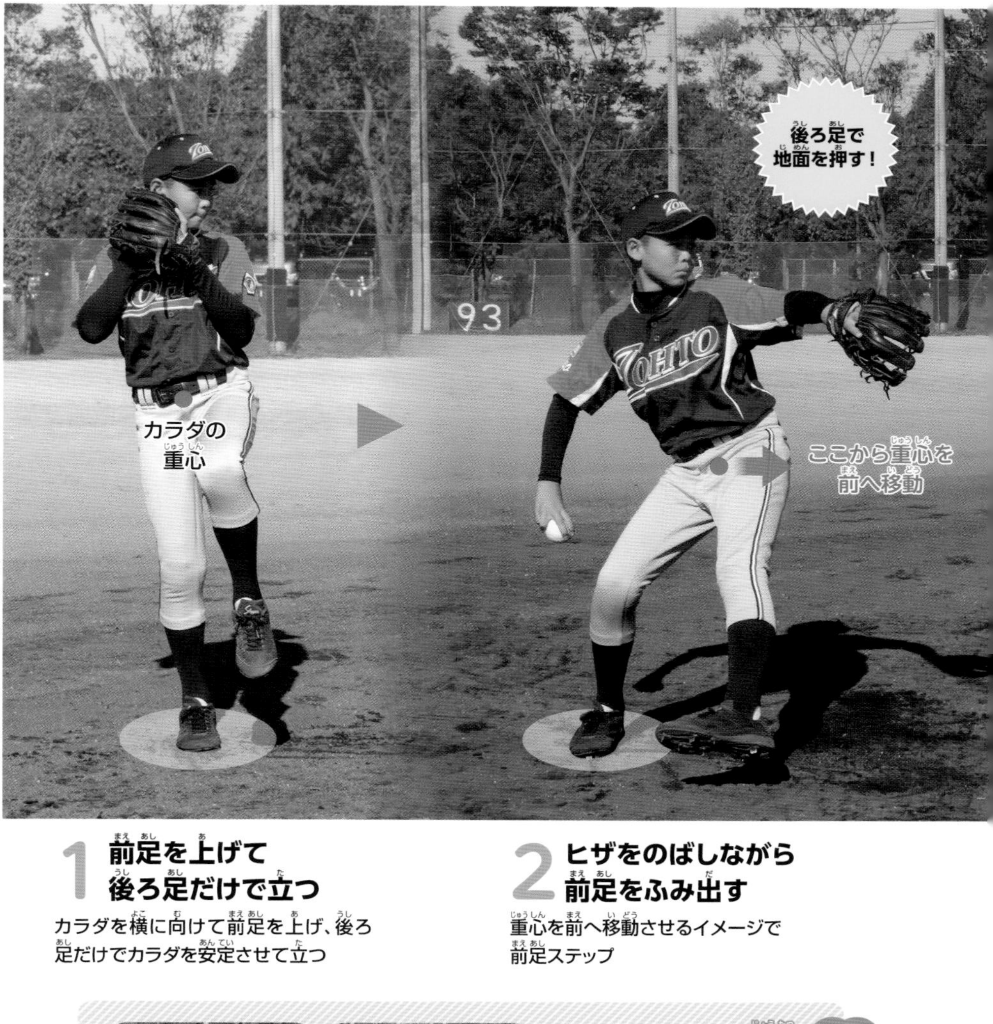
後ろ足で
地面を押す!
カラダの
重心
ここから重心を
前へ移動

1 前足を上げて後ろ足だけで立つ

カラダを横に向けて前足を上げ、後ろ足だけでカラダを安定させて立つ

2 ヒザをのばしながら前足をふみ出す

重心を前へ移動させるイメージで前足ステップ

○

×

上達のコツ

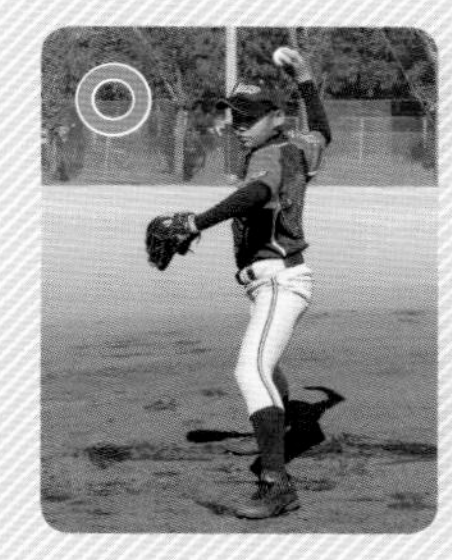

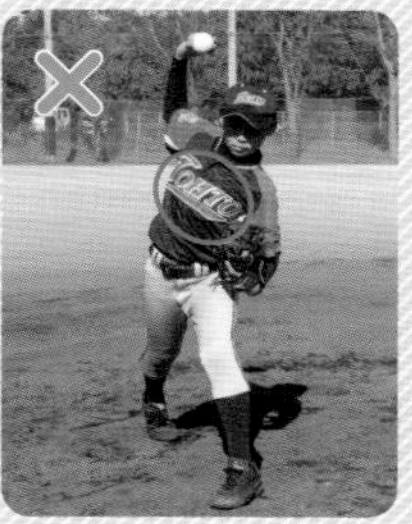

正面からは胸がまだ見えない

前足をついた瞬間は、上半身は横を向いたままなので、胸のロゴは見えないのが正しい姿勢。

DVD 1-4

カラダの回転(回転運動)

下半身、上半身、腕と下から上に向かって動き出す

3 最後に腕がヒジから出てくる

胸が投げる方を向いてから、ボールをもった腕がヒジから前に出る

投げる力の多くは下半身で生まれる

ボールをつかんでいるのは手であり、強いボールを投げようとすると、意識はその手や腕に向けられ、先に動き出しがちになる。

しかし、ボールを投げるためのパワーの多くは下半身で生まれる。後ろ足から前足へ体重を移動させたら、下半身が回りはじめ、そのあとに上半身、腕の回転へとつなげることが大切になる。

下半身が回る

上半身が回る

1 前足をついたら下半身が回り出す

トップをつくり前足をついたら、下半身が回り出し、おヘソが前を向いてくる

2 上半身が回りはじめ胸が前を向く

下半身のつぎに上半身が回りはじめて胸が前を向く

最後は指先でスピンをかける

ボールが指からはなれるときは、ぬい目にかかった人差し指と中指でバックスピンをかけるようにリリースする。

DVD 1-5

グローブの使い方

ボールの高さによってグローブの向きをかえる

おヘソを基準にグローブの上下を使いわける

おヘソより上にあるボールにはグローブを上か横向きにし、おヘソより下にあるボールにはグローブを下向きにする。

グローブの中心のポケットでとる

ボールをしっかりとるためには、グローブを正しく使えるようになる必要がある。

グローブの中心は「ポケット」とよばれ、ここでボールをとるクセをつけたい。

アミでとると強い打球の場合、とりそこねてしまうので注意しよう。

また、グローブの向きはおヘソの高さを基準に上下を使いわける。

ポケットでとる

グローブの中心をポケットとよぶ。ここでとればボールがしっかりとおさまり、グローブから落ちることが少ない。

アミでとる

アミでボールをとると、ボールの力に負けてグローブから落ちてしまうことが多いので注意しよう。

車のワイパーのように ヒジを支点に動かす

ヒジはのばしすぎず、かるく曲げ、そのヒジを支点にするとグローブをスムーズに動かすことができる。

DVD 1-6

ボールのとり方

棒立ちではなく足をステップさせてとる

3 もう一度左足をふみ出しボールを投げる

左足をふみ出すタイミングでトップをつくり、ボールを投げる

3歩のステップで動作をつなげる

投げること、とることになれてきたら、そのふたつの動作をスムーズにできるようになりたい。

そのためには、足を止めずにステップさせることが大切になる。ボールをとるときには、左足をふみ出し、そこから右足、左足とステップして投げる。つまりとってから投げるまでに3歩ステップすることになる。

左足!

右足!

×

棒立ちでとる

棒立ちでとるとイレギュラーなボールに反応できず、また投げる動作もおそくなる

1 左足をふみ出してボールをキャッチ

左足を前にふみ出すタイミングでボールをキャッチする

2 右足内側をふみ出してボールをつかむ

右足内側をふみ出しながらグローブを引きよせ、胸の前あたりでボールをつかむ

上達のコツ

ヒジは伸ばさずカラダの近くでとる

ヒジを伸ばすとグローブを動かしづらくなるので、ヒジは曲げ、カラダの近くでとる。

腕がしっかりふれる ラジオ体操ドリル

練習ドリル→ねらい

力強いボールを投げるためには、トップをつくるときにヒジを肩の高さまで上げて、腕を大きくふる必要がある。ヒジが肩の高さより低いと腕が大きくふれないし、投げるたびに肩やヒジに負担がかかるので注意しよう。

こんな人におすすめ!

◎ 速い球が投げられない

◎ コントロールが安定しない

◎ ボールを投げることが多く、肩やヒジがつかれやすい

トップ時のヒジを肩の高さより下げない!

ヒジが肩の高さ

肩やヒジに負担をかけずに正しく投げるには、ヒジが肩の高さになっていることが大切

ヒジが肩より低い

ヒジが肩より低い位置から腕をふると、肩やヒジに負担がかかるしコントロールも悪くなる

やり方

1 足を肩幅より やや広げて立つ

ピッチャーのように横を向いて、足を肩幅よりやや広げる

2 腕を回してカラダの前で大きな半円をつくる

カラダの前で大きな半円をつくるように、腕を3回ほど上げる

3 ヒジを肩の高さに上げて投げる

3回目にヒジが肩の高さまで上がったところでボールを投げる

カラダの前からボールを上げているか?

ヒジを肩の高さまで上げてトップをつくるときは、ボールをカラダの前から上げること。背中側ではヒジが上がらないので注意しよう。

キャッチボール練習ドリル　レベル2 ★★★★★★★

肩甲骨が使えるようになる
弓矢ドリル

練習ドリル→ ねらい

腕を大きくふるには背中にある肩甲骨から動かすことが大切だ。肩甲骨が動かないと手の力だけで投げることになり球速は上がらない。そのため、弓矢ドリルで、肩甲骨をよせてトップをつくる動きを身につけよう。

こんな人におすすめ!

- ◎ 手投げになってしまう
- ◎ ボールにノビがない
- ◎ 腕や肩が力みやすく、なかなか球速が上がらない

肩甲骨をよせてトップをつくる!

後ろの肩甲骨が背骨側による

トップをつくったときに後ろの肩甲骨が背骨側によっている

後ろの肩甲骨が背骨側によらない

ヒジは上がっているが後ろの肩甲骨が背骨側によっていない

やり方

1 弓矢を引く前のような姿勢をつくる

前肩とヒジごしに投球方向を見て、ボールをもつ手をセットしてかまえる

2 ボールをもつ手を引きトップの姿勢をつくる

前の肩甲骨を背骨からはなし、後ろの肩甲骨を背骨によせてトップをつくる

3 足は広げたまま大きく腕をふって投げる

肩甲骨を入れかえるようなイメージで肩から大きく腕をふって投げる

コーチはココをチェック！

前肩とヒジごしに相手を見られているか？

トップ時に目標となる相手が前肩とヒジごしの延長線上にきているか、投げる人の後ろに立って確認してみよう。

体重移動が身につく バックステップドリル

練習ドリル→ねらい

後ろ足にのせた体重を前足に移す体重移動は、速いボールを投げるための大きなパワー源。これをうまくおこなうには、片足でもカラダをフラフラさせず、安定させて立つことが大切。しっかりその感覚を身につけよう。

こんな人におすすめ!

◎ 投げるフォームが安定しない
◎ コントロールがみだれやすい
◎ 腕を大きくふっても、ボールにスピードが出ない

レベルアップポイント!

後ろ足に体重をのせてカラダを安定させる!

軸足の上に頭がある

軸足となる後ろ足の真上に頭があるので、片足立ちでもカラダが安定している

頭の位置がずれている

後ろ足の真上に頭がきていないため、カラダが不安定になり、かたむいてしまう

やり方

1 後ろ足を上げて前足に体重をのせる

キャッチボールをする姿勢をつくったら、後ろ足を上げて前足だけで立つ

2 小さく後ろにジャンプし後ろ足に体重をのせる

前を向いたまま後ろ足に体重をのせ、カラダをまっすぐ安定させる

3 後ろ足にのせた体重を前足に移して投げる

後ろ足でふんばりながら前足をふみ出して体重を前に移して投げる

コーチはココをチェック！

ヒザがつま先よりも前に出ていないか？

後ろ足に体重をのせたときにヒザが曲がりすぎてつま先よりも前に出ると、正しく前足をステップできないのでチェックしておこう。

キャッチボール練習ドリル　レベル4 ★★★★★★

ポケットでとれるようになる
ボール足元落としドリル

練習ドリル → ねらい

ボールをとらずに足元に落とすには、向かってくる勢いを吸収するように、グローブの中心にあるポケットにボールを当てたい。この技術はボールを正確にとるためには欠かせないので、しっかり身につけよう。

こんな人におすすめ!

◎ ボールをとるのが苦手
◎ ボールがこわい
◎ グローブに当たるが、ボールがはじかれてしまう

ヒジを曲げて ポケットに当てる!

ヒジを曲げてボールの勢いを吸収

手首やヒジをやわらかく使ってポケットに当てることで、ボールは足元に落ちる

ヒジをのばしてボールをとりにいく

ヒジがのびきるとグローブに当たったボールが前にはじかれやすくなる

やり方

1 足元に直径50cmほどの円をかく

うまくなったら小さくするなど、円のサイズは自分のスキルに応じてかえてもよい

2 5mほど離れてボールを投げてもらう

ボールを投げる役の人は5mほどはなれる。なれてきたら距離を広げる

3 ポケットに当て円の中に落とす

ヒジや手首をやわらかく使って、ポケットに当てたボールを円の中に落とすことができればOK

コーチはココをチェック! ✔

やわらかいボールで素手からはじめよう

ボールがこわくて顔をそむけてしまうような子の場合は、やわらかいボールでグローブをつけずに手のひらに当てる練習をしてみよう。

キャッチボール練習ドリル　レベル5 ★★★★★★

とってから投げるまでが速くなる ナンバリングステップドリル

練習ドリル→ねらい

試合では、打球をとったらすばやく投げる必要がある。そのため、ボールをとる動作とボールを投げる動作をつなげて、スムーズにおこなえるようになりたい。ポイントは足をとめずにステップすることだ。

こんな人におすすめ!

◎ 投げるときの足の動作がわからない
◎ ねらったところに投げられない
◎ とってから投げるまでがおそい

右足をカラダの前から投げる方へふみ出す

右足をカラダの前からふみ出す

ボールをとるときに、ブレーキ足となった右足を、投げる方へカラダの前からふみ出す

右足をカラダの後ろからふみ出す

ボールをとったあとに、右足をカラダの後ろからふみ出すと、うまく投げられない

やり方

1 四角にコーンを置き それぞれに番号をふる

選手は四角の中に立ち、サポート役は5mほどはなれて四角の外に立つ

2 指示された番号に 右足内側をふみ出す

サポート役は番号を指示してからボールを投げ、選手はキャッチしたら右足内側をその番号に向かってふみ出す(左の写真では②)

3 左足と左肩も 番号に向ける

左足と左肩を指示された番号に向けてトップをつくる。2から3をすばやくおこなうことが大切

左足と左肩が投げる方向を指しているか?

左足と左肩はまっすぐ投げる方へ向けられているとよい。肩が内や外に向くと、送球もずれやすくなる。

キャッチボール練習ドリル　レベル6 ★★★★★★

速くて正確な送球が身につく
リズムステップスロードリル

練習ドリル→ねらい

ボールをとってからすばやく投げるには、足のステップがとても重要になる。足を動かさずにボールをとると送球までがおそくなるので、このドリルでとってから投げるまでの足のステップをしっかり身につけよう。

こんな人におすすめ!

◎ 正確に送球できない
◎ 速いボールが投げられない
◎ とってから投げるまでが遅く、送球もみだれやすい

左足を前に出しながらボールをキャッチ!

レベルアップポイント!

左足を出しながらキャッチ

キャッチすると同時に左足を前にふみ出すことで、投げる動作へスムーズにつながる

その場で立ったままキャッチ

両足をそろえて立ったままキャッチしようとすると、投げる動作にスムーズにつながらない

やり方

1 左足をふみ出すと同時にキャッチ

向かい合ってキャッチボールをする。このときキャッチと同時に「イチ」と声を出しながら、左足を前にふみ出す

2 右足を横にして投げる方向へ出す

「ニ」と声を出しながら、右足を投げる方向へふみ出す

3 左足を投げる方向へふみ出し送球する

「サン」と声を出しながら、左足を投げる方向へふみ出して送球する

ボールをとるときにヒジがのびていないか？

足を前にふみ出す気持ちが強いと、ヒジものびてグローブがカラダからはなれてしまう。これではキャッチしづらいので注意しよう。

練習や試合前に思い出そう!

これだけは覚えておきたい Part 1 のおさらい

Part1ではボールの投げ方と、ボールのとり方を学んだ。これは野球の基礎となるとても大切な技術なので、しっかりおさらいしておこう。

おさらい ❶

ボールのにぎり

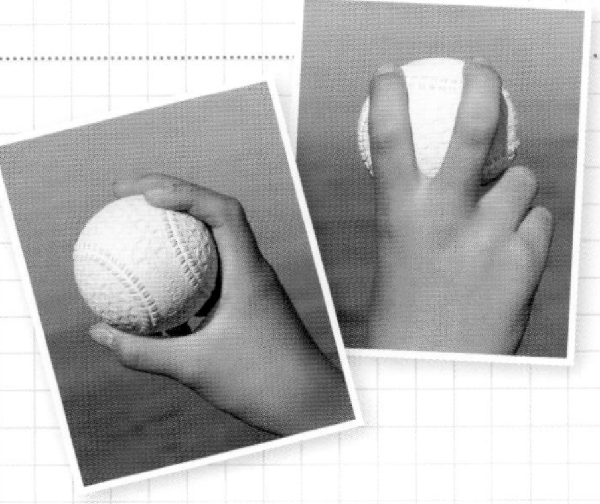

□人差し指と中指をぬい目にかける

□人差し指と中指の間にボールの中心がくるようににぎる

□ベタッとにぎらず手のひらにすき間を空ける

おさらい ❷

トップをつくる

□ボールを上からつかみヒジを肩の高さまで上げる

□後ろの肩甲骨を背中側に寄せてトップをつくる

□前の肩やヒジごしから投げる方向を見る

おさらい ③

前足ステップ〜回転運動

- □カラダの重心を前に移動させるように前足をステップ
- □前足をついた時点では、カラダは横向き
- □下半身、上半身、腕と下から順に回転させてパワーを伝える

おさらい ④

ボールのとり方

- □おヘソの高さを基準にグローブの向きをかえる
- □グローブのアミではなく真ん中のポケットでとる
- □左足をふみ出してとり、さらに右、左とステップをして投げる

コーチの役割とはなんだろう?

指導者として野球チームにたずさわると、選手たちからは「○○コーチ」と呼ばれます。子どもたちは何となくコーチと呼んでいますが、この「コーチ」の意味を改めて考えてみたいと思います。

実は、コーチには「馬車」という意味があります。馬車の役割は、人を目的地まで送り届けることにあります。多くの人は、コーチと聞くと、教える人というイメージが強いですが、これは「ティーチング」といいます。両者の違いは、ティーチングのコミュニケーションが一方向であるのに対して、コーチングは双方向になっているということです。

ティーチングは一方的にコーチの考えを伝えますが、コーチングはお互いが考えを伝えながら、ひとつの目標に向かって進むというイメージです。

技術指導では一生懸命教えることも大切ですが、それが過度になると、選手はお腹いっぱいになってしまいます。教えられることだけをこなしていては、野球の楽しさを感じられません。本人が前向きに取り組むからこそ、その先に本当の楽しさがあるのです。コーチはあくまでもサポート役であり、実際にプレーをするのは選手です。

選手とコーチでひとつの目標を共有し、もし選手がそこから遠のいてしまいそうなときには助言をし、もう一度目標へと続くレールへと戻す。この双方向コミュニケーションの積み重ねによってのみ、選手とコーチの関係は正しいものへと、つまりは信頼関係が築かれるのではないかと思います。

Part 2
ボールを打とう！

Part②の
3つの目標

下半身から動き出す力強いスイングを目指す！

目標1

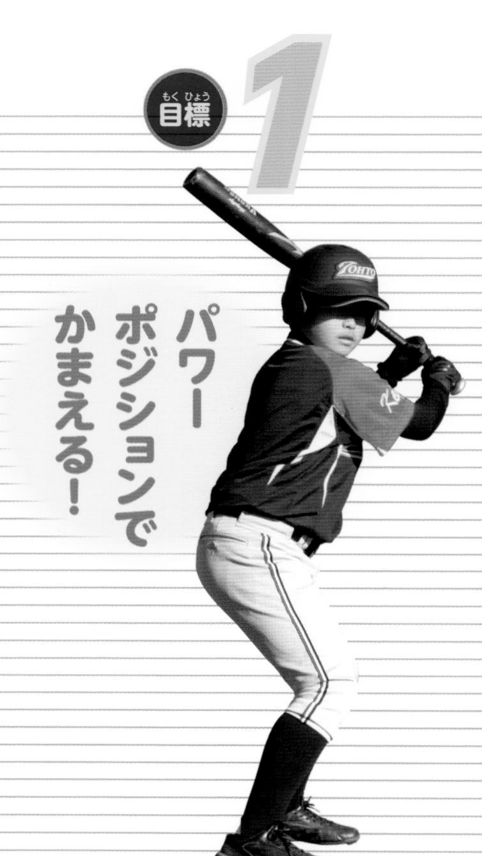

パワーポジションでかまえる！

バッターボックスでかまえるときは、お尻や太ももに力が入り、姿勢が安定するパワーポジションをつくることが大切だ。そのうえで、肩や腕はリラックスさせてバットをにぎる。

★ バットのにぎり方と立ち位置➡46ページ
★ かまえ方➡48ページ
★ パワーポジションドリル➡60ページ

目標2

スイングしやすいトップ位置を見つける!

トップとはグリップを後ろに引いたときの一番高い位置を指す。このトップ位置やタイミングに正解はなく、人それぞれちがうので、自分に合うトップを見つけていこう。

★ トップをつくる⇒50ページ
★ トップをつくるタイミング⇒52ページ
★ ボトルシェイクドリル⇒62ページ
★ チューブのばしドリル⇒64ページ

目標3

下半身から動き出してスイングする!

ボールを投げる動作と同じようにバッティングも下半身から動き出すことが大切。腕だけでスイングしようとするのはダメ。腕に力を入れるのはインパクトのときだけだ。

★ 前足ステップ⇒54ページ
★ カラダの回転⇒56ページ
★ スイング軌道⇒58ページ
★ クラドルスイングドリル⇒66ページ
★ ワンレッグスイングドリル⇒68ページ
★ 肩入れかえドリル⇒70ページ
★ フリスビースロードリル⇒72ページ

DVD 2-1

バットのにぎり方と立ち位置

バットはかるくにぎり自分の好きなところに立とう

自分に合うかたちを見つけよう!

バットのにぎり方やバッターボックスの立ち位置に正解はなく、人それぞれちがう。ここで紹介しているのはオーソドックスなものであり、人によってはもっとスイングしやすいにぎり方があるかもしれない。

そのため、毎日の練習のなかで、さまざまなにぎり方や立ち位置をためし、自分に合うものを見つけよう。

手のひらの真ん中でかるくにぎる

手のひらの真ん中にバットを置く
手のひらを開き、その真ん中あたりにグリップを置く

両手をつけてかるくにぎる
前の手を下にしてくっつけて両手でグリップをかるくにぎる

バッターボックスの立ち位置

左右

メリット アウトコースまでとどく
デメリット インコースが打ちづらい

メリット インコースが打ちやすい
デメリット アウトコースにとどきづらい

前後

メリット フェアゾーンが広くなる
デメリット ボールを見る距離が短い

メリット ボールを見る距離が長い
デメリット フェアゾーンがせまくなる

上達のコツ

グリップを強くにぎるのはボールが当たるときだけ

かまえのときからグリップを強くにぎると、スイングがぎこちなくなり、バットコントロールもできない。ふるまではかるくにぎり、ボールが当たる瞬間だけ強くにぎるようにしよう。

DVD 2-2

かまえ方

パワーポジションでかまえスイングを安定させる

パワーポジションでかまえる

お尻や太ももに自然に力が入るかまえを目指そう！

背すじはのばすがやや前に傾ける

ヒザはかるく曲げる

足は肩幅程度にひらく

カラダが安定すればスイングも安定する

かまえ方で大切なことは、カラダを安定させること。前足を上げたときにカラダがグラグラしたり、頭の位置が動くと、ボールを正確にとらえることができない。

そのためには、お尻や太ももに自然と力が入るパワーポジションでかまえることが大切だ。カラダが安定すればスイング軌道も安定し、ボールをとらえやすくなる。

パワーポジションのつくり方

1 背すじをのばして前にかるく倒す

太ももの裏がはってくるのを感じられたらOK

2 ヒザをかるく曲げ腰を落とす

ヒザがつま先よりも前に出ないようにしながら腰を落とす

3 スネと上体を平行にする

目安ではあるがスネと上体が平行になるようにかまえることができたら完成

上達のコツ

猫背やヒザが前に出すぎるのはダメ

猫背になると肩甲骨を動かすことができないのでスイングが小さくなる。またヒザがつま先より前に出ると姿勢が安定しない。

トップをつくる
正しくトップをつくることでスイングが加速していく

耳の横を目安に自分で見つけよう

グリップを後ろに引いたときの一番高い位置をトップとよぶ。このトップ位置は浅いより深い（後ろにある）方がスイングスピードは増すが、深すぎるとふりおくれる原因にもなる。

正しいトップ位置は人それぞれなので、耳の後ろあたりを目安に、スイングしやすい位置を微調整しながらさがしてみよう。

基本のトップのつくり方

1 最初からトップに近い位置でかまえる

ある程度トップに近い位置でグリップをかまえておく

2 前足をかるく上げトップをつくる

前足を上げたときにグリップを少し引き上げ、トップの位置にもってくる

3 トップを残したまま前足をふみ出す

トップの位置にグリップを残したまま前足をふみ出すと、前側の筋肉がのびる

グリップ位置が前に動いてはダメ

前足をふみ出すときにグリップも前に動くとトップが浅くなり、ふり下ろすスイングになってしまう。

DVD 2-4

トップをつくるタイミング

自分に合うトップをつくるタイミングを見つけよう

トップをつくる3つのタイミング

力強くスイングするには、しっかりとトップをつくることが欠かせないが、実は、トップをつくるタイミングは人それぞれであり、大きく3つにわけられる。

オーソドックスなのは「前足をふみ出す」ときにつくるものだ。リズムよくスイングできるので、ビギナーであれば、このタイミングからはじめてみよう。

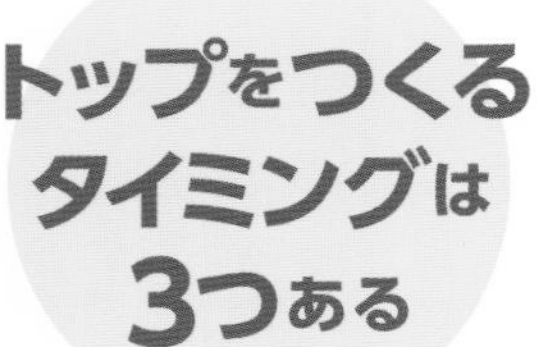

タイミングA

かまえでトップをつくる

スイングまでの動作が少ないので速い球に対応しやすいが、カラダが力みやすくなる

連続Photo

タイミングC

前足をふみ出すときにトップをつくる

リズムよくスイングできるが、速い球に遅れることがある

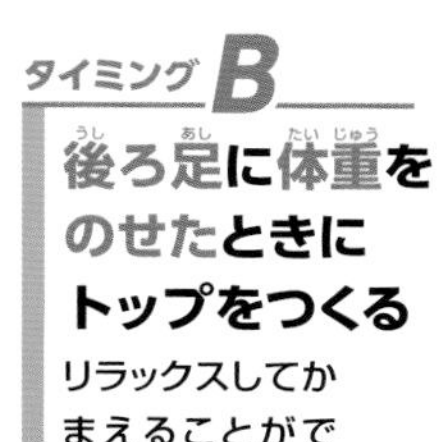

タイミングB

後ろ足に体重をのせたときにトップをつくる

リラックスしてかまえることができ、自然体でスイングできる

上達のコツ

前肩にアゴをのせてトップをつくる

ふりおくれたくないという意識が強くなると、トップが浅くなりカラダの開きが早くなる。前肩にアゴをのせるようにかまえ、しっかりトップをつくろう。

前足ステップ（並進運動）

後ろ足でふんばりながら前足をふみ出しパワーをつくる

カラダの重心

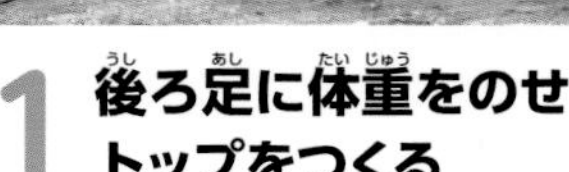

1 後ろ足に体重をのせ トップをつくる

ピッチャーがふりかぶったら後ろ足に体重をのせてトップをつくる

カラダの重心を前に移動させる

バッティングの前足ステップは、ボールを投げるときの前足ステップと基本的には同じだ。

大切なことは、ただ前足をふみ出すのではなく、カラダの重心を前に移動させること。そのためには、後ろ足の内ももに力を入れながら前足をふみ出すとよい。また、ふみ出す足幅は腰幅の半分を目安にしよう。

カラダが前を向く

前足をついたときに胸が前を向くとよいスイングができない

重心を前に移動させるイメージ！

重心を前に移動

3 トップを残したまま前足をつく

胸をホームベースに向けトップの位置も後ろに残したまま前足をつく

2 後ろ足の内ももでふんばり前足を出す

後ろ足の内ももに力を入れながら前足をふみ出していく

上達のコツ

胸を見せずに前足をふみ出す

ピッチャー側から見ると、前足がついたタイミングでは、カラダは横を向いており胸のロゴが見えていない。

DVD 2-6

カラダの回転(回転運動)

下半身、上半身が回り最後にヘッドが出てくる

1 前足をついたら下半身が回り出す

前足をふみ出すと下半身が回り出し、トップが自然と下がりはじめる

あせる気持ちをおさえ下半身から動く

「ふりおくれたくない!」という気持ちが強すぎると、ふり出すタイミングを早めようと上半身から動き出しがちになる。しかし力強いスイングには、下半身から動き出し、そのパワーを上半身から腕へと伝えることが大切だ。

上半身から動くと、カラダの開きが早くなり、手の力だけで打つ手打ちになるので注意しよう。

グリップエンドが自然と出てくる!

ヘッドが回る

上半身が回る

2 上半身が回転をはじめグリップが出てくる

ホームベース側を向いた上半身が回り出し、バットが自然と回りはじめる

3 最後にヘッドが回りボールをとらえる

最後にヘッドが加速しながら出ることで、強くインパクトできる

下から上に向かって順々に動き出す

足のステップ、上半身の回転、腕のふりというように下から上に向かって順番に動き出し、最後にバットの先端（ヘッド）が出る。

DVD 2-7

スイング軌道
バットはふり下ろさず ボールの軌道上でふる

3 ボールの軌道にバットを入れるイメージでバットをふり出せば、ボールを線でとらえられる

ややアッパー気味で ボールを線でとらえる

ピッチャーが投げたボールは、キャッチャーミットへ落ちながら向かってくる。どんなに速くてノビのあるストレートでも落ちている。

理想のスイングはその落ちてくるボールの軌道上でふることだ。そうすれば、点ではなく、線でボールをとらえられる。そのため、スイング自体は、地面に対してややアッパー気味にふるとよい。

1 前足をふみ出し、下半身が回り出すとバットが自然と下がる

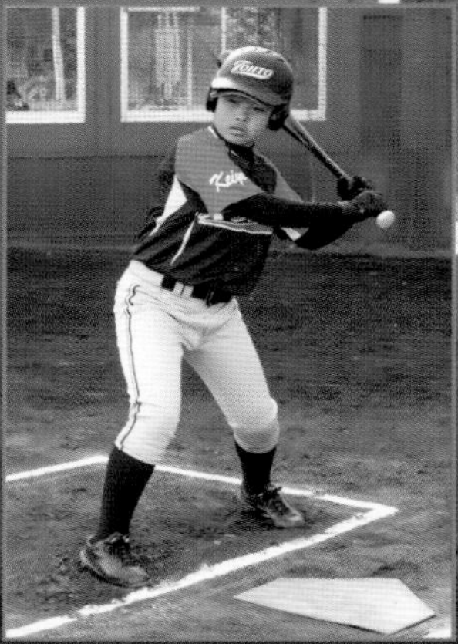

2 上半身が回りグリップエンドが出てくる

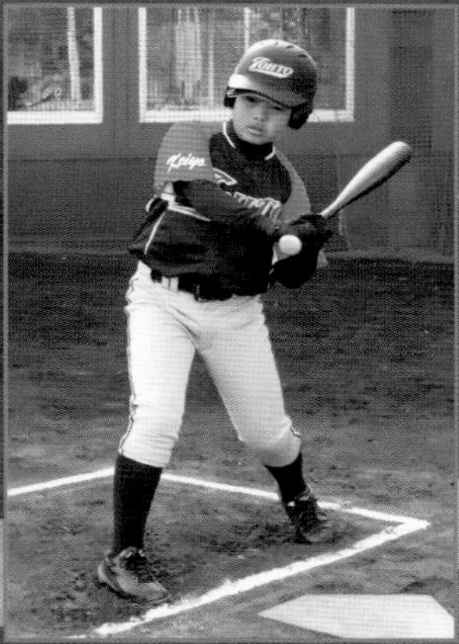

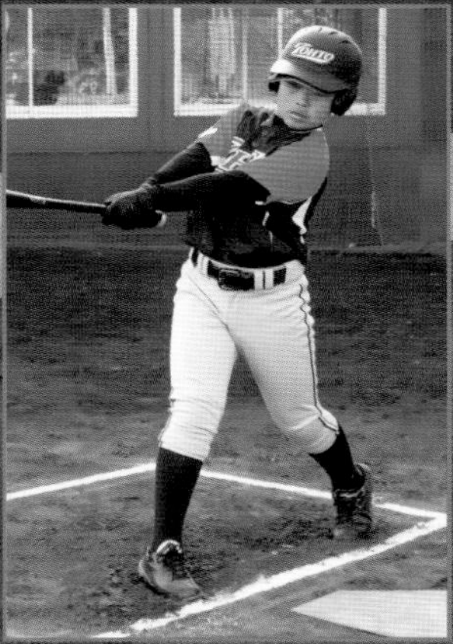

4 そのままバットをふり出せばボールの真後ろから当てることができる

上からたたきつけると線ではなく点になる

上からボールをたたきつけるようにふると、バットとボールが1点でしか交わらないのでミートすることがむずかしい。

バッティング練習ドリル　レベル1 ★★★★★★★★

かまえが安定する パワーポジションドリル

練習ドリル ねらい

かまえの基本は太もものつけ根に体重をのせたパワーポジション。これができないとスイングが安定しない。逆にパワーポジションでカラダが安定すれば、自然と力強いスイングができるようになる。

こんな人におすすめ!

◎ かまえがわからない
◎ スイングスピードがおそい
◎ ボールを正確にとらえられない

曲げたヒザをつま先より前に出さない!

つま先よりヒザが出ていない

曲げたヒザがつま先より前に出ていないので、かまえが安定する

つま先よりヒザが出ている

曲げたヒザがつま先より前に出ると、バランスがくずれやすい

やり方

1 かまえの姿勢から その場でジャンプ

足を広げてかまえたら、その場でかるくジャンプをする

2 ヒザを曲げて着地して パワーポジション

着地の衝撃をヒザを曲げることで吸収し、そのままパワーポジションをつくる

3 パワーポジションから すぶりをする

ボールがくることをイメージして、パワーポジションからすぶりをする

コーチはココをチェック!

横から肩を押しても フラつかないか?

股関節に体重をのせたパワーポジションがとれていれば、少しくらい押されてもフラフラしないので確かめてみよう。

バッティング練習ドリル　レベル2 ★★☆☆☆☆☆

トップの位置が決まる ボトルシェイクドリル

練習ドリル→ねらい

ひとスイングごとにトップ位置がぶれてしまうと、その後のスイング軌道も安定しない。いつでも自分が決めたトップ位置にグリップをすえられるように、ボトルシェイクドリルでカラダに覚えこませよう。

こんな人におすすめ!

◎ ひとスイングごとにトップ位置がずれてしまう
◎ トップが浅くなりがち
◎ スイング軌道が安定しない

肩〜耳の間でトップをつくる!

レベルアップポイント!

肩〜耳の間にトップがある

個人差はあるが、目安としては肩〜耳の間でトップをつくるとよい

顔の前にトップがある

これは「トップの位置が浅い」状態になり、カラダがねじられず手打ちになりやすい

やり方

1 1/3程度水を入れた500mℓペットボトルを用意

ペットボトルをバットのグリップに見立てて使うので、1/3ほど水を入れて用意する

2 キャップを下に向けてトップをつくる

自分がスイング動作に入りやすい位置でトップをつくる

3 トップの位置で細かく20〜30秒ふる

ペットボトルを細かくふることで、筋肉が活動しトップの位置が脳に記憶されやすくなる

トップの位置が下がっていないか？

細かくふり続けていると、腕がつかれてきてトップの位置が下がってしまうことがあるので、位置をキープできているかチェックしよう。

トップが安定する チューブのばしドリル

練習ドリル ねらい

相手ピッチャーの球が速かったり、腕につかれがたまってきたりすると、トップ位置が不安定になりやすい。そのため、どんなときでもトップ位置が安定するように、チューブのばしドリルでカラダに覚えこませよう。

こんな人におすすめ!

◎ トップの位置がわからない
◎ ひとスイングごとに トップ位置がずれてしまう
◎ スイングスピードがおそい

いつでも同じ位置に トップをつくる!

ゴムがのびている

前足をふみ出したときに、トップがしっかり残るとゴムがのびる

ゴムがゆるんでいる

ふみ出した前足につられて、トップも前に出るとゴムがゆるむ

やり方

1 足から胸ぐらいまでの長さのチューブを用意

やわらかめのチューブを用意し、片方だけ輪にして前足にはめる

2 チューブをつかんだままトップをつくる

正しくトップがつくられるとチューブがのびる

3 チューブをのばしてからするどくスイング

トップをつくりチューブをしっかりのばしてからすぶりをする

ゴムが上半身にふれていないか?

ゴムが足にふれるのはよいが、上半身にふれている人は、トップが背中側に入りすぎている可能性があるので注意しよう。

バッティング練習ドリル　レベル4 ★★★★★★★

体重移動が身につく❶
クラドルスイングドリル

練習ドリル→ねらい

スイングスピードを上げるには、後ろ足にのせた体重を前足に移してからカラダを回転させることが大切。体重移動の前に上半身が回ると手打ちになってしまう。このドリルで体重移動の感覚をしっかり身につけよう。

こんな人におすすめ!

- ◎ カラダの開きが早い
- ◎ ふり下ろすスイングをしている
- ◎ スイングスピードがおそい

トップを残したまま前足に体重を移す!

前足に体重がのってもトップが残る

前足に体重がのったときでも、トップが耳の横に残っている

前足に体重がのるとトップが顔の前

前足に体重がのると、上半身が前を向きトップが顔の前にある

やり方

1 前足をステップした姿勢をつくる

かまえから前足をふみ出して、地面に足をついたときの姿勢をつくる

2 腰を前後にリズムよく動かす

足の位置は固定させたまま腰を前後にリズムよく動かす

3 数回くり返したらスイングする

何度か腰を動かしたら、後ろから前に動かすタイミングで力強くスイングする

前肩にアゴをのせるようにかまえているか？

トップを後ろに残したままの姿勢を保つには、前の肩にアゴをのせるようにしてかまえるとよい。カラダがすぐに開いてしまう子には、この姿勢ができているかチェックしておこう。

体重移動が身につく❷
ワンレッグスイングドリル

練習ドリル→ねらい

後ろ足にのった体重を前足に移して受け止めることがスイングのパワー源になる。体重移動ができていなかったり、前足で受け止められないと、スイングスピードが上がらないので、しっかりと身につけよう。

こんな人におすすめ!

- ◎ 体重移動の感覚がつかめていない
- ◎ スイングスピードがおそい
- ◎ 開きが早く手打ちになりがち

体重移動を前足で受け止める!

レベルアップポイント!

前足で受け止め軸をつくる

移動させた体重を前足でしっかり受け止められると、カラダの軸がまっすぐできる

前足で受け止められずカラダが前に流れる

前足で体重を受け止められないとカラダが前に流れてしまい軸がぶれる

やり方

1 かまえをつくり後ろ足に体重をのせる

まずはいつものかまえを正しくつくり、そこから前足を上げて後ろ足に体重をのせる

2 腰を前に移動させて前足をふみ出す

すぐに前足をつくのではなく、重心を前に移動させて、カラダを横に向けたまま前足をつく

3 前足1本で力強くスイングする

後ろ足を上げて、前足に体重をすべてのせながら力強くスイング

コーチはココをチェック！

スイング後に元の位置へ後ろ足をつけているか？

体重移動を前足で受け止めることができると、フォロースルーで後ろ足は元の位置へ戻る。逆にカラダが前へ流れると、後ろ足も前についてしまうのでチェックしておこう。

バッティング練習ドリル　レベル6 ★★★★★★★

上半身の回転が身につく 肩入れかえドリル

練習ドリル→ねらい

上半身を回転させるときは肩甲骨を動かすことが大切。これができないと手の力だけでバットをふることになり、スイング軌道が安定しないし、力も出ない。この肩入れかえドリルで肩甲骨を使ったスイングを身につけよう。

こんな人におすすめ!

◎ 上半身の回転がうまくできない
◎ トップが安定しない
◎ 上半身が前につっこみやすい

肩甲骨を出し入れして肩を入れかえる!

かまえでは前の肩にアゴがのる

前の肩甲骨が背骨からはなれ、前の肩にアゴをのせるようにかまえる

スイング後は後ろ肩にアゴがのる

フォロースルーでは、後ろの肩甲骨が背骨からはなれ、後ろの肩がアゴに近づくような形が望ましい

やり方

1 両足を広げて位置は動かさない

上半身の動きを身につけるため、足を広げたまま位置は動かさない

2 前の肩にアゴをのせかまえの姿勢をつくる

前の肩甲骨を背骨からはなし、前の肩にアゴをのせるようにかまえる

3 フォロースルーでは後ろの肩がアゴに近づく

スイング後は後ろの肩甲骨が背骨からはなれ、後ろ肩がアゴに近づく

ヘッドが極端に下がっていないか?

肩甲骨を使わずに腕だけでスイングすると、グリップがカラダからはなれやすい。その結果、ヘッドが下がり手打ちになる。

バッティング練習ドリル　レベル7 ★★★★★★★

ボールをとらえるポイントが身につく
フリスビースロードリル

練習ドリル→ ねらい

フリスビーをまっすぐ遠くにとばすには、フリスビーをはなすタイミングが重要になる。そしてそのポイントは、バットがボールに当たるインパクトのポイントの目安になるので、しっかり身につけよう。

こんな人におすすめ!

◎ 打球がまっすぐとばない
◎ 高い球や低い球が苦手
◎ ボールをとらえるポイントがわからない

フリスビーを まっすぐ遠くにとばす!

まっすぐとぶ

まっすぐとんだときにフリスビーをはなしたポイントが、バッティングのインパクトの正しいポイント

すぐ落ちたり左右にとぶ

手首をコネたりフリスビーをはなすポイントが早かったり遅かったりすると、まっすぐとばない

やり方

1 腰の高さでフリスビーを投げる

フリスビーを前の手でもち、腰の高さで腕をふり、まっすぐ投げる

2 胸の高さでフリスビーを投げる

高めのボールをイメージして、胸の高さで腕をふり、フリスビーをまっすぐ遠くへ投げる

3 ヒザの高さでフリスビーを投げる

低めのボールをイメージして、ヒザの高さで腕をふり、フリスビーをまっすぐ遠くへ投げる

コーチはココをチェック!

肩と腕のラインが平行になっているか?

フリスビーをはなす瞬間の肩と腕のラインが平行になっているかチェックしよう。上体が起きたまま腕を下げてスイングすると、ラインは平行にならず、スイング軌道やポイントも安定しない。

練習や試合前に思い出そう!

これだけは覚えておきたい Part 2 のおさらい

Part2では、バッティングの技術を紹介した。
自分に合うかまえやトップ位置を見つけてホームランを目指そう!

おさらい ❶

バットのにぎり方〜かまえ方

- □手のひらの真ん中でかるくにぎる
- □パワーポジションでかまえてスイングを安定させる
- □グリップを強くにぎるのはボールが当たるときだけ

おさらい ❷

トップをつくる

- □前肩にアゴをのせるようにトップをつくる
- □トップの位置は耳の横あたりを目安にする
- □自分に合うトップのタイミングを見つける

おさらい ❸

前足ステップ〜カラダの回転

□トップを残したまま前足をステップする

□前足をついた時点では
カラダは横向き

□下半身、上半身、腕の順で
回転しスイングする

おさらい ❹

スイング軌道

□ゆるやかに落ちてくる
ボールの軌道上でスイングする

□ボールの軌道上でスイングできれば
ボールを線でとらえられる

□上からふり下ろすスイングでは
1点でしか当たらない

知っておきたいバッティングのヒミツ①

すぶり練習は正しいスイングでおこなわなければ逆効果！

すぶりの主な効果

- ◎ スイングに必要な筋力アップ
- ◎ スイングスピードの向上
- ◎ スイング動作をカラダが覚える
- ◎ スイングフォームの定着

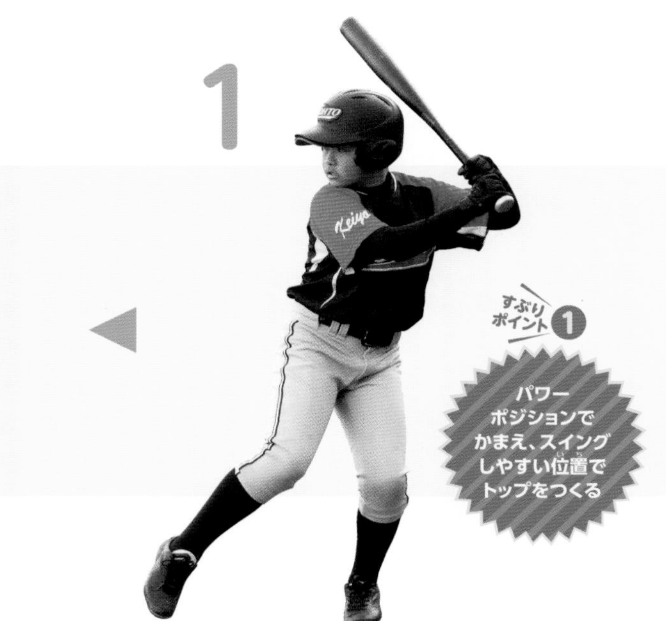

1
すぶりポイント①
パワーポジションでかまえ、スイングしやすい位置でトップをつくる

悪いクセを直すのはとても大変だ！

すぶりはだれもが気軽におこなえる練習だ。毎日くり返すことで、スイングに必要な筋肉がつき、バットをふる力がアップする。

またカラダがスイング動作を覚え、頭で考えなくても自然とそのスイングができるようになる。

一見すると、とてもすぐれた練習に思えるが、そこには知っておきたい注意点があ

ステップアップ式 すぶり練習法

ステップ① 正しいスイングを頭で理解する
↓
ステップ② ゆっくりすぶりをしてポイントを整理
↓
ステップ③ 通常のスピードですぶり
↓
ステップ④ ストライクゾーンを9つに分割してコース別にすぶり

やみくもにバットをふるのではなく、正しいスイングを身につけられるように順をふんでいく。なれてきたらストライクゾーンのコースをイメージしながらすぶりをしてみよう。また、ときどき友だちにフォームを見てもらったり、鏡の前ですぶりをしてフォームをチェックするなどしてもよいだろう。

る。それは正しいスイングを理解してからおこなうということ。正解を知らずに、やみくもにすぶりをくり返していると、まちがったスイングがカラダに染みついてしまう可能性もある。

まちがった箸のもち方を直すのが大変であるように、一度カラダに染みついたクセを直すのは、習得した時間の倍の時間がかかるともいわれている。

1年間毎日まちがったスイングですぶりをしていると、直すのに2年間毎日正しいスイングですぶりをする必要があるということだ。

そうなる前に、まずは正しいスイングを理解することからはじめよう。

知っておきたいバッティングのヒミツ❷

ピッチャーが投げたボールを最後まで見てから打つことはできない！

見続けるのではなく予測して先回りをする

バッターはピッチャーが投げたボールを見なければ打つことはむずかしいが、だからといって、ずっと見続けていればよいというわけではない。「ボールをよく見ろ！」といわれ、ホームベースにくるまで必死にボールを見続けてからスイングをする人がいるが、これではバットをふったときにはボールはキャッチャーミットの中だ。

ふりおくれずにスイングするには、ピッチャーの手からはなれた直後のボールの

予測して先回りする感覚は読書に近い!?

ピッチャーの手からはなれたボールから軌道やコースを予測して先回りするときの目の動きは、本を読んでいるときに行を移る目の動きに近いという。前の行も目に入れながら次の行に移る。つまり、手から離れたボールを視野に入れながら、先読みして、くるであろうボール位置に目を向けるということだ。

ピッチャーの手から離れたボールを認識

0.1秒ほど

球速やコースを予測してスイングするか判断

0.2秒ほど

位置から球速やコースを予測する必要がある。そしてその予測にしたがってバットをふり出すことで、打つことができる。バットに当たるまでボールをずっと見続けながら打つことは、科学的にはむずかしいとされている。大切なことは見続けるのではなく、予測して先回りすることだ。

小学校高学年のピッチャーが投げたボールがホームベースを通過するまでの時間はおおよそ0.5秒。大人にくらべて球速はおそいが投手板から本塁の距離も短くなるため（高学年で16ｍ、低学年で14ｍ）、その通過時間は大人とさほどかわらない（個人差あり）。そして、小学生のスイングに0.2秒程度かかるとすると、少なくともボールがピッチャーの手からはなれて0.3秒後にはスイングをはじめなければ、ふりおくれてしまうということになる。つまり、その0.3秒のうちに軌道やコースを予測して、打つか打たないかの判断を下す必要があるのだ。

くずれない自信とくずれる自信

コーチとして選手と接しているときに、必ず伝える言葉があります。それは「自信をもってプレーをして欲しい」ということです。これはコーチだけでなく、保護者も同じように思っているのではないでしょうか。

自信には、くずれる自信とくずれない自信があると考えます。野球で結果を出すというと、ホームランを打つ・ファインプレーをする・三振をとる・試合に勝つなどになります。このような結果の積み重ねは当然自信になります。

しかし、こうした結果から得る自信は、もろくくずれやすいのです。なぜなら結果を出し続けることは、一流プレイヤーでも簡単ではないからです。

「結果を出した自分」に自信を持つと、出なかったときにくずれます。

それよりもくずれにくい自信は、「過程をやりきった自分」です。つまり結果が出なくても、できる限りのことはすべてやり尽くしたといえるほど、日々の練習を全力でおこなうのです。

そうすれば、たとえ結果がでなくても

「まだ努力が足りなかった」

と前向きに捉えることができます。日々の全力プレーこそが、くずれない本物の自信となるのです。

Part 3
ボールをとろう！

Part③の
3つの目標

走る、とる、投げるを一連の流れでおこないたい！

目標 1

パワーポジションでかまえ打球へ正しく入る！

守備のかまえも下半身に力が入り、すばやく動き出せるパワーポジションが基本。そこからゴロやバウンドであれば、かるく右へふくらみながら打球へ向かい、フライなら最短距離で落下地点へ走る。

★ かまえ方とスタート➡84ページ
★ 打球への入り方➡86ページ
★ スプリットステップドリル➡96ページ
★ コーンターンドリル➡98ページ
★ バウンドマッチドリル➡100ページ

目標2 ゴロ、バウンド、フライでとり方をかえる！

ゴロやバウンドは、足のステップを意識しながらボールをとる。バウンドした打球は落ちぎわをねらうとよい。フライはボールが落ちてくるまで、腕をのばさないでいることが大切。

★ ゴロをとる➡88ページ
★ バウンドをとる➡92ページ
★ フライをとる➡94ページ
★ グーパーキャッチドリル➡102ページ
★ おでこキャッチドリル➡104ページ

目標3 ステップしながらとり、すばやく送球する！

打球をしっかりとることが何よりも大切だが、ゴロやバウンドではすばやく塁へ投げなければアウトにできない。そのため、足のステップを意識して、投げるまでをすばやくおこないたい。

★ 一塁へ投げる➡90ページ
★ ビッグステップドリル➡106ページ
★ 小走りスロードリル➡108ページ

かまえ方とスタート

パワーポジションから その場で小さくジャンプ

パワーポジションでかまえる

お尻と足に力が入ったかまえをつくる

守るときはパワーポジションでかまえることが大切だ。このかまえがうまくできると、背すじがのびて、お尻と太ももに自然と力が入るので、すばやく動き出すことができる。さらに、ピッチャーの手からボールがはなれたタイミングでその場で小さくジャンプすると、着地と同時にボールへ向かって1歩目をより早くスタートできる。

バットに当たる直前に小さくジャンプ

1 パワーポジションでかまえる

ピッチャーが投げる動作をはじめたら、右ページにあるパワーポジションをつくる

2 その場で小さくジャンプをする

これをスプリットステップといい、ジャンプから着地したときの1歩目が早くなる

3 着地と同時に打球方向へ走る

バッターが打つタイミングでジャンプから着地し、すぐに打球方向へ走る

猫背やヒザがのびるとすばやく動けない!

猫背になっていたりヒザがのびていると、すぐにお尻や足に力が入らないので、すばやくスタートを切ることができない。

DVD 3-2

打球への入り方

打球に向かって右へ少しだけふくらんで走る

まっすぐではなく少しだけふくらむ

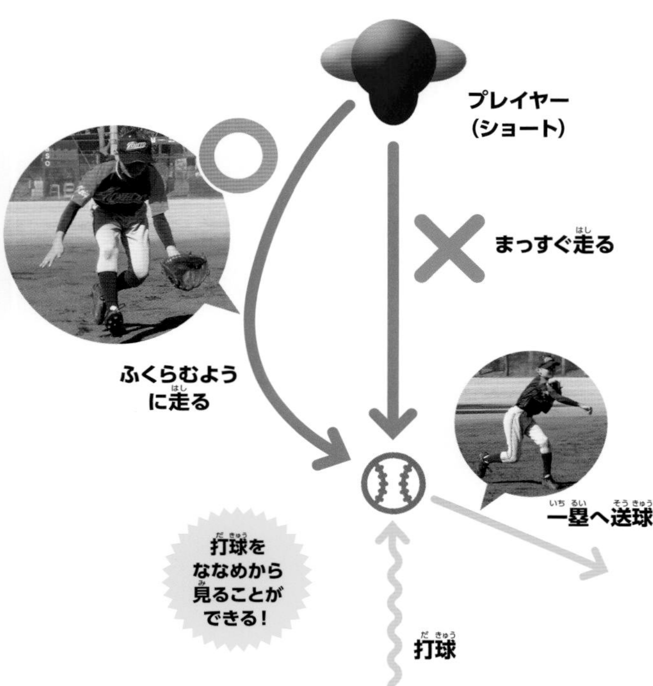

右に少しだけふくらむことで、打球をななめから見ることができ、距離感がつかめ、タイミングを合わせやすくなる。また右から左へステップをふみながらとるので、送球に勢いもつく。

よゆうがあれば右へふくらむ

一塁へ投げるときや、よゆうがあるときは、少しだけ右にふくらみながら打球に入るとよい。正面の打球はボールとの距離感をつかみづらく、とるのがむずかしいが、ふくらむことで打球をななめから見ることができる。

また、右にふくらむことで、右から左へのステップの力を利用して、強く一塁へ送球できるようになる。

右にふくらみ打球をななめから見る

打球までの距離感をつかみやすいため、とるタイミングも調整しやすい

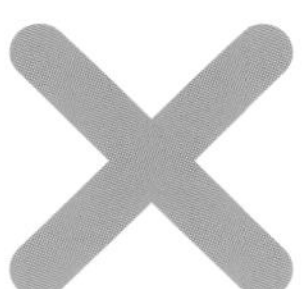

まっすぐ走り打球を正面から見る

打球までの距離感がつかみづらいため、とるタイミングの調整がしづらい

グローブを上に向けヒジを曲げて走る!

グローブを上に向けて腕をふった方が速く走れるので、打球まで距離がある場合はためしてみよう。グローブを下げるのはとる直前だ。

DVD 3-3

ゴロをとる 右足のブレーキで止まり左足のステップでとる

3 左足をカカトからつけ グローブを下ろす

左足の足のうらが地面につくタイミングでボールをとり、送球につなげる

手ではなく、足でボールをとりに行く

内野を守っていてゴロをとるときは、手だけでとりに行かず、足を動かしてとりに行くことが大切だ。

理想としては、まずよゆうがあれば打球の右へふくらむ。そしてボールをとる直前の右足でブレーキをかけ、左足をカカトからつく。ここでグローブを下ろす。そして左足全体をつくタイミングでボールをとる。

右足ステップがとる姿勢づくりのきっかけになる!

1 少しふくらみ打球にタイミングを合わせる

よゆうがあれば少し右へふくらみ打球にタイミングを合わせる

2 右足ブレーキできっかけをつくる

ボールをとる直前の右足は、ブレーキの役割で、ボールをとるためのきっかけになる

両足同時にドスン!とついてはダメ

ボールまでまっすぐ走り、とる直前に両足を同時にドスンとついてしまうとボールをとりづらいし、動きが止まってしまい送球にもつながらない。

一塁へ投げる

ステップしながらとることが強い送球のパワー源になる

3 右足、左足を投げる方向へふみ出す

ボールをもちかえたら、再び右足と左足を投げたい方向へふみ出して送球する

ステップを止めずに送球までつなげる

試合ではとるだけではなく、すぐに投げることも求められる。

そのためには、ボールをとるときに「右足、左足」というリズムでふんだステップを止めずに、そのまま「次の右足、左足」を投げたい方向へふみ出すこと。

これによって、ステップで生まれた力を利用して強く送球できる。

右から左への流れを止めずにおこなう！

1 グローブを自然に下ろしボールをとる

左肩の下に自然にグローブを下ろしてボールをとる

2 グローブをカラダに近づける

右から左へ流れるカラダを止めずにグローブをカラダに近づける

グローブを引いてしまう

ボールをとるときにグローブをカラダの方へ引いてしまうと、うまくボールをとることができないし、送球動作もおくれてしまうので注意しよう。

バウンドをとる
打球がはずんで落ちてくるタイミングでとりたい

おヘソを基準にグローブの向きをかえる

おヘソより高い

おヘソより高いところでとるときはグローブを上に向けてとる

おヘソより低い

おヘソより低いところでとるときはグローブを下に向けてとる

すばやく動き出しタイミングを合わせる

バウンドしたボールは、とるタイミングでむずかしさがかわる。取りやすいのはボールが落ちてくるとき。ボールの高さによってグローブの向きをかえることができればとりやすい。一方、ボールがはね上がるときは、ボールがのびるのでとるのがむずかしい。そのため、なれるまではできるだけボールが落ちてくるタイミングをねらおう。

落ちぎわをねらってとる!

打球が落ちてくるタイミングでとる

バウンドした打球が上から落ちてくるタイミングでとるのがいちばんやさしくとれる

打球がはね上がるタイミングでとる

バウンドした打球がはね上がってくるとちゅうでとるのは、ボールがのびるためむずかしい

上達のコツ

バウンド打球も右、左のリズムでとる

ゴロをとるときと同じように、バウンドした打球も足を止めずに、右足から左足というリズムでとると、送球まで流れるようにおこなえる。

DVD 3-6

フライをとる ヒジやヒザは曲げておき とる直前にグローブを出す

リラックスした姿勢でとる

落下地点に入ったら、ヒジやヒザをかるく曲げてカラダをリラックスさせる。そしてボールがきたら、グローブを上げておでこあたりでとる

落下地点に入ったら自然体でボールをまつ

フライがにがてな人は、両手を上げバンザイの姿勢でまってしまうことが多い。

しかしこの姿勢では、ヒジがのびているのでグローブを動かしづらいし、後ろに下がると転んでしまうこともある。

不安な気持ちはわかるが、グローブをギリギリまで上げず、カラダの力をぬき自然体でいることが大切だ。

とる直前まで グローブを上げない

落下地点に入っても、ボールが落ちてくるまではグローブを上げずに、ボールの真下に入れるようにヒザを曲げて細かくステップをふむ

グローブを上げて ボールをまつ

ヒジやヒザをのばしてグローブを上げていると、ボールがずれたときなどに、うまく移動できずに転んだりしてしまう

落下地点を予測して 一直線に走る

打球がとんできたらすばやくスタートを切り、今ある打球の位置や強さから落ちる地点を予測し、グローブを上に向けて腕をふり、一直線に走って向かおう。

守備練習ドリル レベル1 ★★★★★★★★

打球反応が早くなる スプリットステップドリル

練習ドリル ねらい

人は止まった状態から動き出すよりも、ジャンプなどから着地した反動を利用して動き出した方が早くスタートを切れる。これが打球反応のよさにつながるので、このドリルでその感覚をつかめるようにしよう。

こんな人におすすめ!

◎ 打球をまつ姿勢がわからない
◎ 打球への反応がおそい
◎ 打球にあと少しで追いつけないことが多い

パワーポジションのまま細かく連続ジャンプ!

背すじをのばす

ヒザをつま先より出さずに背すじをのばしてパワーポジションをキープ

猫背になっている

ジャンプに気をとられてパワーポジションがくずれ猫背になっている

やり方

パワーポジション

サポート役

1 5mほどはなれて向かい合う

選手はパワーポジションをつくり、サポート役はボールをもつ

2 パワーポジションのままその場で連続ジャンプ

ジャンプは高くとぶのではなく、小さく速く連続してとぶ

3 サポート役は前や横に山なりにボールを投げる

選手の前や横に山なりにボールを投げ、選手はノーバウンドですばやくとる

コーチはココをチェック！

適切なタイミングでジャンプできているか？

ボールがきたときに着地してはおそい。ボールを投げる直前までジャンプして、ボールが手から離れたときには着地して、すぐに動き出せることが大切だ。

打球にバウンドを合わせる
コーンターンドリル

練習ドリル→ねらい

内野でゴロやバウンドの打球をとるときは、よゆうがあれば少し右にふくらむと、打球との距離感をつかみやすく、送球にもいきおいがつく。そのため、このドリルでふくらみながらボールに合わせる動きを身につけよう。

こんな人におすすめ!

◎ 打球をとれないことが多い
◎ 打球にバウンドを合わせられない
◎ 上体がつっこみやすい

右足でふみこんで左足を出すタイミングでとる!

右足でブレーキをかける

とる直前の右足でブレーキをかけるようにふみこむ

左足をふみこみボールをとる

左足をふみこむタイミングでグローブを下ろしボールをとる

やり方

1 選手とサポート役にわかれコーンを配置する

コーンは左の写真のように半円をえがくように置いていく

2 その場ジャンプからボールに回りこむ

選手はその場でかるくジャンプをしてまち、サポート役がボールを転がしたら、コーンにそって走る

3 右、左のステップでボールをとる

ボールに近づいたら右足、左足のステップでふみこみボールをとる

止まれずに前につっこむ

ボールをとる直前の右足でブレーキをかけて、左足をふみ出してとるのが基本。右足ブレーキができないと、走った勢いのまま前にカラダがつっこんでしまう。

バウンドの合わせ方が身につく
バウンドマッチドリル

練習ドリル→ねらい

バウンドした打球にタイミングを合わせることはとても大切。前進して頭の上をこえていったり、とるのがむずかしいはね上がるタイミングにならないように、タイミングを合わせる感覚をこのドリルで身につけよう。

こんな人におすすめ!

◎ とるタイミングがわからない
◎ バウンドをとるのがにがて
◎ バウンドした打球が頭を越える

ボールの高さでグローブの向きをかえる!

おヘソより上はグローブも上向き

ヒジをかるく曲げて、おヘソの高さを基準にグローブの向きを上向き、下向きにかえる

グローブの向きが間違っている

おヘソより高いボールに対してグローブを下に向けているのでとりづらい

やり方

1 10mほどはなれて向かい合う

選手はパワーポジションでスプリットステップをして、サポート役はボールをもつ

2 サポート役がバウンド数ととるタイミングを指示

「2バウンド目の落ちぎわ」というように指示を出してからボールを投げる

3 すばやくスタートをして指示どおりにとる

指示されたバウンド数とタイミングになるようにステップしながらボールをとる

コーチはココをチェック！

すばやくスタートを切れているか？

ボールを投げてもらう前は、スプリットステップ（85ページ）をして、そこからすばやく1歩目を切れているかチェックしておこう。

守備練習ドリル レベル④ ★★★★★★★

守備の姿勢が身につく グーパーキャッチドリル

練習ドリル ねらい

ゴロでは足を開いて腰を落とすことが大切になる。しかしカラダがかたい人や下半身の筋力が弱い人は、その姿勢をとることがむずかしい。そのためこのドリルで、下半身の筋力強化をしながら守備姿勢を身につけよう。

こんな人におすすめ!

- ◎ 守備の姿勢がわからない
- ◎ 腰を落とすのがにがて
- ◎ ゴロをとるときによくトンネルしてしまう

しっかり腰を落として守備の基本姿勢をとる!

腰を落として顔を上げる

両足を開いて腰を落とし、ボールを見るために顔を上げる

腰が高くなり顔が下を向く

下半身の筋力が弱く腰を落とせないと、顔が下がりボールがとれない

やり方

1 「グー」のときは足をとじてしゃがむ

「グー」と「パー」をくり返す。「グー」では足をとじてしゃがむ

2 「パー」のときは守備の基本姿勢をとる

「パー」では足を広げて腰を落とした守備の基本姿勢をとる

3 「グー、パー」をくり返し「パー」でボールをとる

なれてきたら「パー」のときにボールを転がしてもらい、実際にボールをとる

ボールをとる姿勢がくずれていないか?

何度もくり返すと下半身につかれがたまり、基本姿勢がとれなくなる。これでは意味がないので、姿勢がくずれない回数でやめること。

守備練習ドリル レベル5 ★★★★★★★

フライのとり方が身につく
おでこキャッチドリル

練習ドリル→ ねらい

フライは落下地点にすばやく入り、おでこに近い位置でとることが理想。グローブがおでこからはなれるほど、正しくとることがむずかしくなっていく。そのため、このドリルでおでこでとる感覚を身につけよう。

こんな人におすすめ！

◎ フライをとるのがにがて
◎ 落下地点にうまく入れない
◎ ボールがこわくて顔をそむけてしまう

レベルアップポイント！

おでこ近くでボールをキャッチ！

おでこ近くでキャッチ

ヒジを曲げ、おでこ近くでグローブをかまえることができれば、安定してキャッチできる

おでこからはなしてキャッチ

ヒジをのばしてボールに向かってグローブを出すようなとり方ではミスが多くなる

やり方

1 おでこ横にグローブをかまえて固定する

おでこ横でかまえたグローブは動かさずに、そのままの姿勢をキープする

2 ボールを投げてもらいすばやく落下地点に入る

サポート役に高いボールを投げてもらい、グローブをかまえたまますばやく落下地点に入る

3 グローブを動かさずにボールをキャッチ

ヒジをのばしたりせずに、おでこの横にグローブをかまえたままキャッチする

ボールがこわい場合はやわらかいボールで練習

はじめたばかりでボールがこわい子どもには、当たっても痛くないやわらかいボールで、とることよりも落下地点に入ることを重視して練習させてみよう。

強い送球が身につく
ビッグステップドリル

練習ドリル → ねらい

打球をとってから投げる動作では「右足、左足、右足」のリズムで、止まることなくおこなうことが大切。そのなかで、強い送球を身につけるために、最後の右足を意識的に大きくふみ出して送球に勢いをつけよう。

こんな人におすすめ！

◎ とってから投げるまでのステップがわからない
◎ 送球がおそい
◎ 送球が安定しない

左足のうらをつく タイミングでボールをとる！

左足のつま先が上がる

左足はかかとからつき、足のうらがつくタイミングでボールをとると、次のステップに勢いがつく

両足ともにベタッとつく

両足をベタッと地面につけたままボールをとると、動作がとぎれてしまい送球がおくれる

やり方

1 プレイヤー・ボール出し・ボール受けにわかれる

プレイヤーと、サポート役としてボールを出す人、ボールを受ける人の3人でおこなう

2 右、左のリズムでボールをとる

ボールを転がしてもらい、右足でブレーキをかけてから左足をふみ出してとる

3 とったあとの右足を大きく!

ボールをとったら、右足を投げる方向に大きくとぶようにふみ出してから投げる

ステップの勢いを送球にいかしているか?

このドリルはステップの勢いで投げることが大切。大きくステップできていれば、ムリに肩や腕の力に頼らなくても、ラクに投げることができる。

守備練習ドリル　レベル7 ★★★★★★★

送球を安定させる 小走りスロードリル

練習ドリル ねらい

送球動作では、ボールをとったステップの勢いを利用して投げることが大切。このドリルでは、送球後に投げた方向へ小走りすることで、カラダを左右にぶらさず、投げる方向へしっかりステップできるようになる。

こんな人におすすめ!

- ◎ 足が止まってしまう
- ◎ 腕を横からふってしまう
- ◎ 送球が横にずれることが多く安定しない

投げる方向へステップしまっすぐ投げる!

小走りしながら送球

投げる方向へ小走りすれば、強制的に投げる方へステップすることとなり、送球も安定してくる

その場で止まって送球

止まって投げたり、カラダが横に流れながら投げると、送球も不安定になり悪送球することがある

やり方

プレイヤー
ボールを出す人
ボールを受ける人

1 プレイヤー・ボール出し・ボール受けにわかれる

プレイヤーと、サポート役としてボールを出す人、ボールを受ける人の3人でおこなう

2 ボールをとったら投げる方向へステップ

ボールを転がしてもらい、投げる方向へステップしながらボールをとる

3 投げた方向へ小走りする

送球したら、その勢いのままステップを止めずに5mほど小走りをする

腕を横にふってはいないか?

走りながら投げると、腕を横にふるサイドスローになり悪送球になることが多い。正確にステップをふみ、腕を縦にふって投げることを意識させよう。

練習や試合前に思い出そう!

これだけは覚えておきたい Part 3のおさらい

Part3では、ボールをとる技術を紹介した。試合ではゴロやバウンド、フライなどいろいろなボールがくるのでしっかりとれるようになろう!

おさらい ❶

かまえ方とスタート

- □すばやく動き出せる パワーポジションでかまえる
- □ピッチャーが投げたら その場で小さくジャンプする
- □着地と同時に打球に向かって スタートを切る

おさらい ❷

打球への入り方

- □余裕があれば少しだけ 右にふくらみながら打球へ入る
- □ふくらんで入ればボールとの 距離感をつかみやすい
- □打球に向かって走るときは グローブを上に向ける

おさらい ❸

ゴロをとる～一塁へ投げる

- □とる直前の右足でブレーキをかけてから左足のカカトを地面に下ろす
- □左足のカカトから足のうらをつくタイミングでゴロをとる
- □投げる方向へ「右足、左足」のリズムでステップする

おさらい ❹

バウンドやフライをとる

- □グローブはおヘソの高さを基準に向きをかえる
- □バウンドは落ちてくるタイミングをねらう
- □フライはとる直前までグローブを上げない

選手を成長させる声のかけ方

コーチをしていると、子どもたちが上手にプレーできずに落ち込んでいるところを度々目にします。場合によっては、スネてやる気がなくなったりしてしまう選手もいます。

そんなとき、コーチはどのように声をかければよいでしょうか?

上手くプレーできなかったと感じている選手の多くは、他人と比較していることが多いようです。

「アイツは上手なのに……」

「どうして自分だけできないんだろう……」

というようにくらべています。

コーチとしては、

「○○君は頑張っているぞ! もっと頑張れー」

と、つい言いたくなるかもしれませんが、こういった状況の選手は焦りや不安の気持ちが大きくなっているので、このような声かけは逆効果です。選手を成長させるには、その選手を基準として声をかけていく必要があります。

「先週より頑張れるようになったね」

「ボールがとぶようになったね! いつもの練習の成果かな」

というように、結果だけでなく、努力した過程を評価してあげてください。

10回スイングして当たらない子が、はじめて当たればそれはその子にとっては大きな成功です。誰かとくらべるのではなく、本人の目線で声かけしていくことを心がけましょう。

Part 4

試合をしよう！

Part④の

3つの目標

ひとつでも先の塁をねらい チームで勝利を目指す！

目標 1

ピッチャーとキャッチャーを知る！

試合ではどのポジションも大切ではあるが、ピッチャーの投げ方やキャッチャーのとり方は特別なので、この2つのポジションをやることになった選手は、しっかり身につける必要がある。

★ ピッチャーの投げ方➡116、118ページ
★ キャッチャーのかまえ方➡120ページ
★ キャッチャーのとり方➡122ページ

目標2

一塁までの走り方と回り方を身につける！

一塁までの走り方は打球によってかわる。バントや内野ゴロなど、一塁まで全力で走る場合はまっすぐ右へ走り抜ける。一方、二塁より先を目指せる場合は、右へふくらみカラダをかたむけながらベースの内側の角をふむ。

★ バント➡124ページ
★ 一塁までの走り方➡126ページ
★ ベースランニング➡128ページ

目標3

リードと盗塁でひとつでも先の塁へ進む！

ひとつでも先の塁をねらうために、ピッチャーがセットする前にリードを終わらせ、チャンスがあれば盗塁をしかけられるようになりたい。またスライディング後はすぐに立ち上がり、さらに次の塁をねらえるようになろう。

★ リードとスライディング➡130ページ

DVD 4-1

ピッチャーの投げ方❶（ワインドアップ・ノーワインドアップ）
ランナーがいないときはワインドアップで力強く！

カラダをキャッチャーに向ける

メリット
勢いよく投げられる

デメリット
コントロールが乱れやすい

ワインドアップとは、カラダをホームベースへ向けてから両手を上げてふりかぶる投げ方をさす。

時間がかかるが勢いがつく

ピッチャーの投げ方は大きくふたつにわけられるので、ここではそのうちのひとつであるワインドアップについて解説する。

この投げ方は、投げるまでに時間がかかるので、ランナーがいないときに使われる。頭の上までふりかぶるためボールに勢いをつけやすいが、動作が大きくコントロールが乱れることもある。

プレートの使い方

1
軸足(左投げなら左足)をかならずプレートに置く

2
軸足はプレートに置いたまま逆の足を後ろに引く

3
軸足を横に向ける

ワインドアップの投げ方

1
カラダを正面に向ける

2
両手を頭上にもっていき、ふりかぶる

3
カラダを横に向けて投げる

上達のコツ

ふりかぶらないノーワインドアップ

ワインドアップでコントロールが安定しないときは、ふりかぶる動作をとばして、カラダを横に向けて投げるノーワインドアップをためしてみよう。

DVD 4-2

ピッチャーの投げ方❷（セットポジション）

ランナーがいるときはセットポジションですばやく！

動作が小さくコントロールが安定

ピッチャーのもうひとつの投げ方はセットポジションといい、横を向いた姿勢から投球動作に入る。投げるまでの時間が短いので、ランナーがいるときは一般的にこの投げ方をする。

セットポジションは、ふりかぶらないのでボールに勢いをつけづらいが、動作が小さくなるためコントロールが安定しやすい。

カラダを横に向ける

メリット
コントロールが安定しやすい

デメリット
勢いをつけて投げられない

動作が少なく安定する！

セットアップとは、カラダを横に向けてふりかぶらない投げ方をさす。動作が小さいのですばやく投げることができ、コントロールも安定しやすい。

プレートの使い方

1
左足の外側（左投手の場合）をプレートにそわせるように置く

2
左足は動かさずに右足を上げる

3
最後まで左足の位置はかわらない

セットポジションの投げ方

1
左投げなら一塁側にカラダを向けて立つ

2
前足を上げて軸足で立つ

3
前足をふみ出して投げる

カラダの前で両手をそろえて静止する

セットポジションでは、投げる前にカラダの前で両手をそろえて完全に止まらないと、「ボーク」になってしまうので注意しよう。

DVD 4-3

キャッチャーのかまえ方

ふたつのかまえ方から自分に合うかまえ方を選ぼう！

ヒザの角度でかまえ方がかわる

キャッチャーのかまえ方は大きくふたつにわけられる。

ひとつは、ヒザを開いてどっしりとかまえるタイプ。ピッチャーから見るとマトが大きく見えるので、安心感からコントロールが定まりやすい。

もうひとつはヒザを内側にしぼるタイプ。カラダがラクに動くので、左右や低めのコースでもミットを出しやすい。

安定性重視

ヒザを広げてかまえる

足の裏を地面にベッタリとつけるので、どっしりと安定してかまえることができる

《低めのとり方》
片ヒザをたおしてとる

動きやすさ重視

ヒザをしぼってかまえる

どの
コースにも
ミットが
出やすい！

かかとを少し浮かせ、ヒザを内側にしぼるようにかまえることで、左右に動きやすくなる

《低めのとり方》
姿勢をかえずにとれる

もう片方の手は後ろに回す

投げる方の手を横に出しておくと、とりそこねたボールが当たってしまうことがあるので、かならずお尻の方へ回しておくこと。

DVD 4-4

キャッチャーのとり方

ピッチャーが投げた直後にミットを一度下げる

3 ミットを上げてボールをとる

ボールがくるタイミングでミットを上げて、しっかりキャッチする

腕を一度脱力させてしっかりキャッチ

キャッチャーは、投げてほしいコースをしめすためにミットの面をピッチャーに向ける。そしてピッチャーはそのミットに向かってボールを投げる。

このとき、ピッチャーの手からボールがはなれたら、キャッチャーは一度ミットを下ろし、腕の力をぬくことで、ボールの力に負けずキャッチできるようになる。

ミットを下げて腕の力をぬく！

1 ミットの面をピッチャーに向ける

投げてほしいコースをピッチャーにしめすためミットの面をしっかりと向ける

2 ピッチャーが投げたらミットを下げる

ピッチャーの手からボールがはなれた直後に、ミットを一度下げて腕の力をぬく

ヒジをのばしてとりにいく

ボールをとるときはヒジを曲げておくことが大切。ヒジをのばしてボールをとりにいくと、球速がある場合などに落としてしまったり、バットに当たることもあるので注意しよう。

バント

ランナーを進めるためにふりぬかずに当てて転がす

ヒザを曲げヘッドを立ててかまえる

ヘッドを立ててヒザをやわらかく使う

バットをふりぬかず、ボールに当てて転がすことをバントという。これはランナーを先に進める目的でおこなうことが多い。

大切なことはバットの先（ヘッド）を少し立ててかまえること。また高さの調節は腕ではなく、ヒザを曲げておこなうこと。ヘッドが下がるとポップフライになりやすいので注意しよう。

ヒザの曲げのばしで高さを調節する

低いコースにきたボールをバントするにはバットを下に向けるのではなく、ヒザを曲げてバットを下げる。

バットの上げ下げで高さを調節する

バットの上げ下げだけで高さを調節すると、低めのコースでヘッドが下がりポップフライになりやすい。

ヒジを曲げてボールの衝撃を吸収

ヒジはのばし切らずに曲げておき、ボールがバットに当たったときの衝撃を吸収できるようにしておこう。

DVD 4-6

一塁までの走り方

単打か長打によって一塁までの走るコースがかわる

単打は右に走りぬける

ベースの手前のふちをふみたい

シングルヒットのときや内野ゴロなどのときは、全力で一塁まで走りそのまま右に走り抜ける

まずはあきらめずに全力で走ること!

一塁までの走り方では、どんな打球でも全力で走ることが大切。「アウトだからいいや」とあきらめないこと。必死に走っている姿を見てあせったファーストがエラーすることだってある。

そのうえで、単打であれば一塁を右に走りぬけ、二塁をねらえるのなら、手前で少しふくらんでベースの内側の角をふんで走ろう。

長打は右にふくらみ二塁を目指す

左足でベースの内側の角をふむ

打球を目でおいながら走る!

二塁をねらえるようなときは、一塁手前で少し外側へふくらみ、ベースの内側を左足でふみ二塁を目指す

上達のコツ

打球によって視線の先をかえる

内野ゴロなどの場合は、打球よりも一塁を見て全力で走る。長打をねらえる場合は、打球の行き先や守備の動きを見て、進むべきなのか判断できるようになろう。

DVD 4-7

ベースランニング

ベースの内側の角をふみふくらみをおさえて走る

カラダをかたむけベースの角をふむ

ベースの手前で少しふくらみ、カラダをかたむけながら内側の角を左足でふむ。

カラダを立てたままベースの上をふむ

カラダをかたむけないでベースの上をふむと、大きくふくらんでしまう。

足が速いだけではベースは回れない

人は全力で走りながら直角に曲がれないので、ベースランニングには、足が速いだけではなく、ベースを回る技術が必要になる。

大切なことは、ベースの手前で少しふくらんでから、ベースの内側の角をふみ、直線的に次を目指すということ。

このときカラダを内側へかたむけ、ベースを左足でふむとよい。

1

ベースの手前で少しだけ外にふくらむ

2

カラダをかたむけて内側の角を左足でふむ

3

ふんだらまっすぐ走り次の塁を目指す

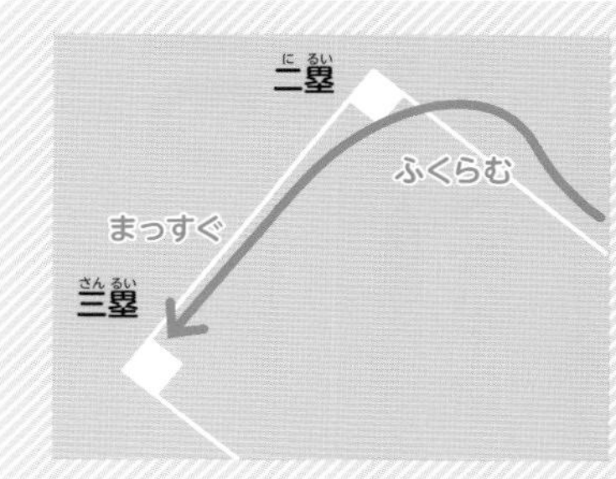

上達のコツ

ベースを回ったら直線的に走る!

ベースランニングではずっとふくらみながら走るわけではない。ベース手前で少しふくらみ、目指すベースに向かっては直線的に走ることで、スピードを落とさずに走り切ることができる。

DVD 4-8

リードとスライディング

かまえる前にリードをして スライディング後はすぐに立つ

1 ピッチャーがかまえる前にリードをする

ピッチャーがかまえてからリードをすると、けん制でアウトになりやすい

4 走ってきた勢いでお尻ですべる

スライディングはベース手前の最小距離をお尻ですべる

ピッチャーから目をはなさない！

リードでは、けん制されたときにすぐ帰塁できるように、ピッチャーから目をはなさず、左足を後ろにクロスさせるように1歩ずつリードを広げるとよい。またセットポジションに入る前にリードを終わらせておきたい。

スライディングはできるだけ短い距離をお尻ですべるようにおこない、すぐに立ち上がって、ボールを確認する。

2 腰を落として パワーポジション

ヒザがつま先より前に出ないように腰を落として、パワーポジションをつくる

3 頭の位置を上げずに すばやくスタート

右足側へ体重をのせていき、パワーポジションでとった低い姿勢のままスタート

5 ベースの手前に のばした足がつく

右足がベースの手前のふちに当たるようにすべる

6 すべった勢いのまま すぐに立ち上がる

スライディング後はさらに次の塁をねらうため、すぐに立ち上がる

ピッチャーがかまえてから リードをするのは危険

リードをするタイミングはピッチャーがかまえる前。セットポジションに入ってからリードすると、けん制されたときに逆をつかれアウトになりやすい。

練習や試合前に思い出そう!

これだけは覚えておきたい Part 4 のおさらい

Part4では、試合のための技術を紹介した。
ひとつでも先の塁を目指して試合に勝てるようにがんばろう!

おさらい ❶

ピッチャーの投げ方

□ランナーがいないときは
ワインドアップで力強く投げる

□コントロールに不安がある場合は
ノーワインドアップで投げる

□ランナーがいるときは
セットポジションですばやく投げる

おさらい ❷

キャッチャーのかまえ方・とり方

□安定性を重視するなら
ヒザを広げてどっしりかまえる

□動きやすさを重視するなら
ヒザをしぼってかまえる

□ボールをとる直前に一度ミットを
下げて腕の力を抜く

おさらい ③

バント～一塁までの走り方

□バントの高さは股関節と
ヒザの曲げのばしで調整する

□内野ゴロでは、一塁までまっすぐ走り
そのまま右へ走りぬける

□二塁を目指せるような場合は、
一塁手前で少しふくらみ
一塁ベースの内側の角をふむ

おさらい ④

ベースランニング～リードとスライディング

□カラダをかたむけながらベースの内側の角をふむ

□リードはピッチャーがセットする前におこなう

□スライディングは短い距離をお尻ですべり、
すぐに立ち上がる

選手の主体性をのばす指導法

コーチの大きな仕事のひとつとして、選手の主体性をのばすということがあります。よい選手・一流の選手をつくりあげることよりも、自ら一流になっていける選手を育成することの方がはるかに大切です。

そのために必要なことは、第一に選手が主体性をもつことです。そのためには、選手自身に意欲と知識が必要です。

意欲は好奇心をもつこと、好奇心は、まずふれてみること、やってみることで生まれます。

コーチをしていると、どうしても教え込みすぎてしまい、自らやってみるという好奇心を奪ってしまいがちです。こうすると意欲は出ないですね。選手が「こうやってみたい」といってきたら、それは大きな意欲が出ている証拠です。

コーチは常に教え込むだけでなく「どうしたい?」と選手と会話を重ねることが重要です。そうすることによって選手は自分の取り組みを選択し、その選択に責任をもてるようになります。

好奇心ある行動のなかにはたくさんの失敗や無駄があるかもしれません。それでもコーチは、選手の主体性が育つように「まつ時間」をもつことも大切です。

子どもが自らの力で成長していける機会をコーチが奪ってしまわないようにしましょう。

Part 5
知(し)っておきたい野球(やきゅう)の知識(ちしき)

野球の知識①

野球のポジション

9つあるポジションにはそれぞれの特徴がある

野球にはぜんぶで9つのポジションがある。それぞれに役割があり、守るエリアもちがうため、必要な能力や向いている性格を参考に、自分に合うポジションを見つけてみよう！

ピッチャー

―投手―

強い気持ちで相手と向かい合う！

必要な要素

能力：コントロール、肩の強さ

性格：マイペース、忍耐力がある

誰もがあこがれる花形ポジション

ピッチャーはすべてのポジションのなかで最も重要であり、そのできが試合に大きく影響する。

ストライクを投げられなければ試合が成立しないので、必要な能力としては、まずコントロールがあげられる。さらにピンチの場面でも、周りに流されず自分のピッチングができる強い気持ちも必要だ。

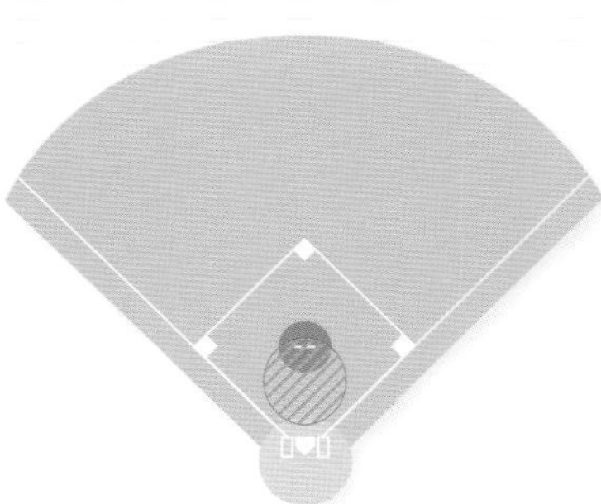

ピッチャーの守備範囲

基本の守備範囲はマウンド前だけだが、一塁や本塁が空いたときはカバーに入る。

捕手

キャッチャー

グラウンド全体を見渡すチームの頭脳！

必要な要素

能力：視野の広さ、キャッチング、肩の強さ

性格：気が利く、リーダーシップ

リーダーとして大きな声で指示をする

グラウンドに立つ9人のなかで、ひとりだけ向きが逆なのがキャッチャーだ。グラウンド全体を見渡せる位置にいて、チームメイトに大きな声で指示を与える。そのため、強いリーダーシップと、観察力のある人が向いている。またボールをこわがらずにとれることや、肩が強いことも必要な能力になる。

キャッチャーの守備範囲

本塁付近が基本の守備範囲。チームの決め事として、状況によってファーストのカバーに入ることがある。

ファースト
―一塁手―

守備力よりも打撃力が魅力!?

必要な要素

能力:キャッチング、動体視力
性格:思いやり

走ることがにがてな力もちタイプ

ファーストの守備範囲はせまいので一般的には守備力が高い選手よりも、動きはおそいが打撃力が高いというタイプの選手が守ることが多い。ただし、ボールを受けるシーンは多いため、高いキャッチング能力は必要だ。また、ピッチャーへ返球するときにひと声をかけるなど、思いやりもあるとなおよいだろう。

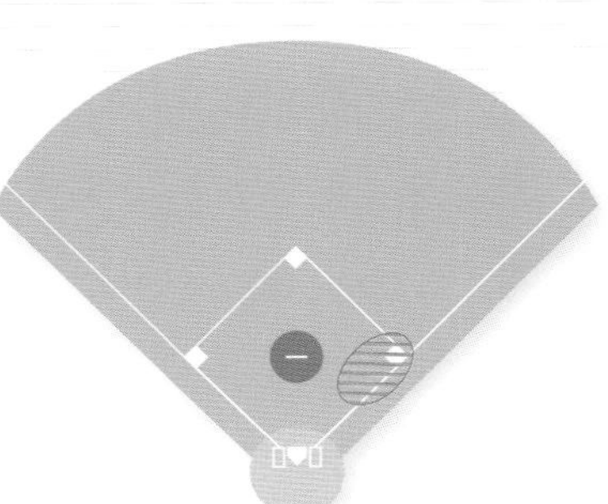

ファーストの守備範囲
一塁付近が基本の守備範囲。範囲はさほど広くないが、前進してバント処理をすることがある。

―二塁手― セカンド

右へ左へ縦横無尽に駆けめぐる！

必要な要素
能力：すばしっこさ、状況判断力
性格：気配り

すばやい状況判断で動くべきところへ動く

セカンドの守備範囲はとても広い。ただ打球をその場でまちかまえるだけではなく、状況によって一塁に入ったり、二塁に入ったり、周りの仲間と連携して空いたベースのカバーにも入る。そのため、いつでも周りを見ていられる広い視野や、気配りができる人がよい。また右へ左へ動き回るので足が速いとよいだろう。

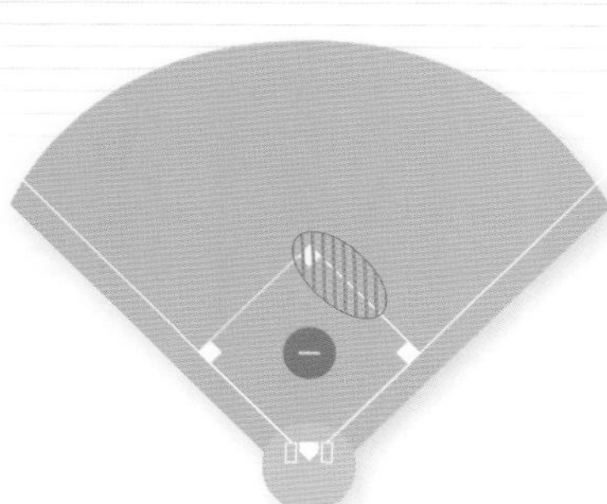

セカンドの守備範囲
一・二塁間が基本の守備範囲。ここからファーストのカバーや、外野からの中継プレーにも加わる。

サード

―三塁手―

ボールをおそれず食らいつく！

必要な要素

能力：正確な送球、肩の強さ、打球反応のよさ

性格：強気、ボールをこわがらない

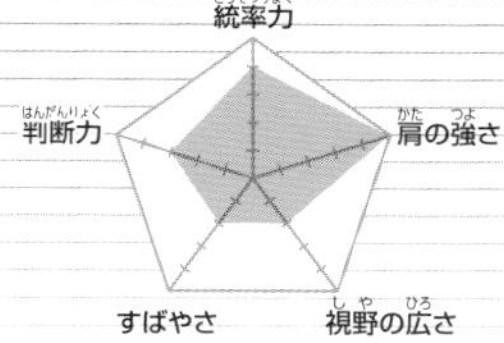

強烈な打球でも止める強い気持ち

パワーのある右バッターが引っ張ると、ライナー性の強い打球がサードにとんでくる。ぬかれたら長打になるので、サードは何としても打球を止めたい。したがってサードにはボールをこわがらずに向かっていく強い気持ちや、打球反応のよさが必要になる。また一塁まで距離があるので肩の強さもほしい。

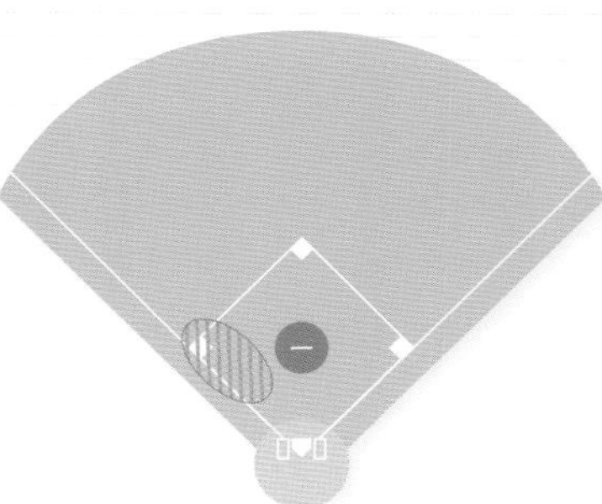

サードの守備範囲

三塁付近が基本の守備範囲。範囲はさほど広くないが、前進してバント処理をすることがある。

ショート

—遊撃手—

身体能力で広い守備範囲をカバー!!

必要な要素

能力：正確な送球、肩の強さ、すばしっこさ、視野の広さ

性格：リーダーシップ

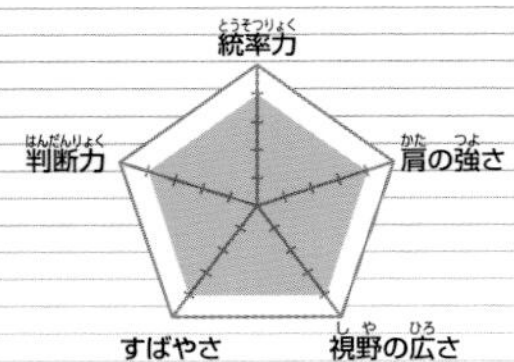

身体能力と統率力でチームを引っ張る

ショートはピッチャーとならんで花形ポジションとされており、チームのなかでも身体能力の高い選手が適している。ショートの守備範囲は広く、内野の一番深いところから一塁へ届くだけの強い肩も求められる。さらに内野陣に指示を出したりと、リーダーとしての要素もあると、なおよいだろう。

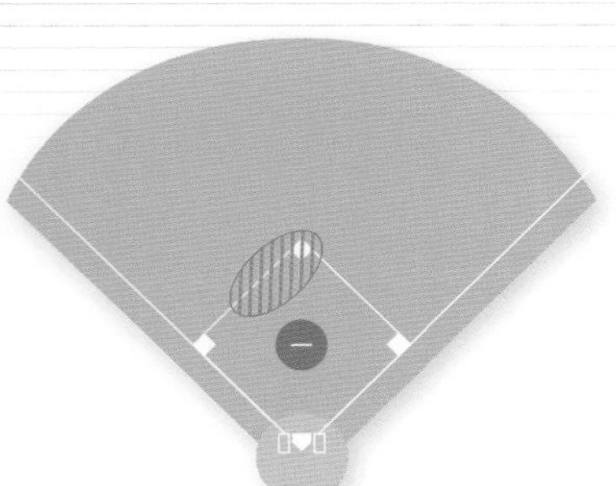

ショートの守備範囲

三遊間が基本の守備範囲。ここからサードやピッチャーへの打球のカバーや、外野からの中継プレーにも加わる。

レフト

—左翼手—

早い判断力ですばやく対応！

必要な要素

能力：肩の強さ、判断力
性格：強気

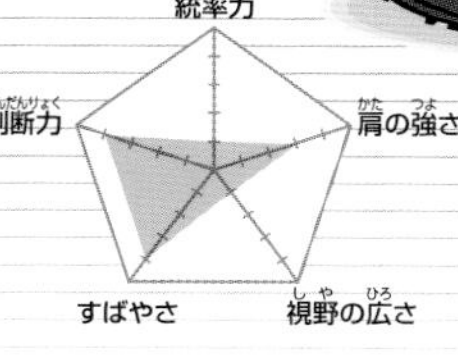

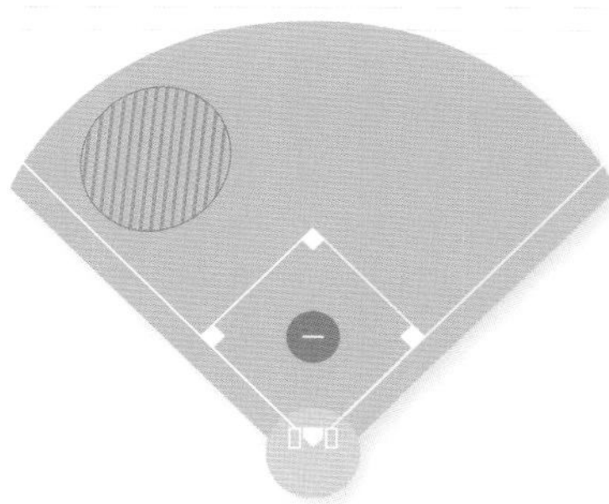

レフトの守備範囲

レフトは外野の左側が基本の守備位置。ここからセンターやサードのカバーもおこなう。

強い打球に対して的確に決断を下す

レフトには右バッターの強い打球がとんできやすい。向かってくる打球に対して、前へつっこみアウトをねらうのか、ワンバウンドで確実にとるのかをすばやく判断して、実行に移す判断力が求められる。また、強い打球を後ろにそらすと失点にもつながるので、絶対に後ろにそらさないという強い気持ちも、もち合わせたい。

センター

―中堅手―

外野をまとめるリーダー！

必要な要素

能力：正確な送球、肩の強さ、足の速さ

性格：リーダーシップ

高い身体能力で外野を統率する

外野の中心を守るセンターは守備範囲が広く、レフトとライトをカバーする必要があるため、足の速さは欠かせない。またグラウンド全体を見渡せるポジションなので、周りに指示を送り、リーダーとしての役割も求められる。さらにランナーをさす肩の強さもほしいところ。

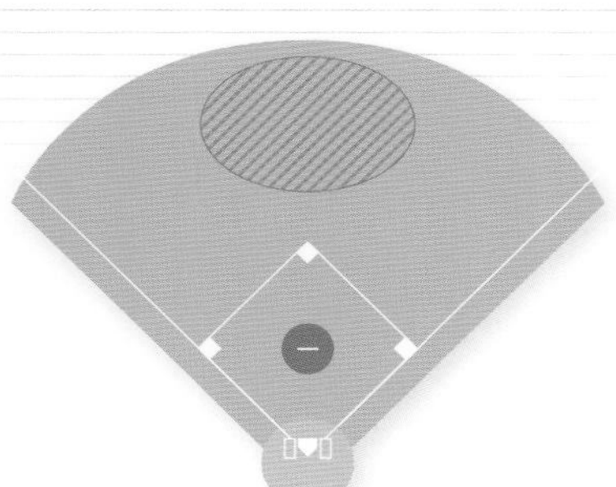

センターの守備範囲

センターは外野の中央が基本の守備位置。ここから左右への打球や、二塁けん制や盗塁時のカバーもおこなう。

右翼手 ライト

強気だが気もきくバランスタイプ

必要な要素

能力：肩の強さ、判断力

性格：強気、気配り

統率力
肩の強さ
視野の広さ
すばやさ
判断力

一塁をカバーする気配り屋さん

少年野球では、ライトにとんだ打球でもすばやく一塁へ投げれば、ライトゴロでアウトにできる可能性もあるので、強い気持ちと走力、肩の強さがほしい。また、一塁のカバーも役割のひとつ。野手が一塁に投げたときや一塁けん制のときには、必ず一塁の後ろまで走りカバーをするので、気配りができる選手がよい。

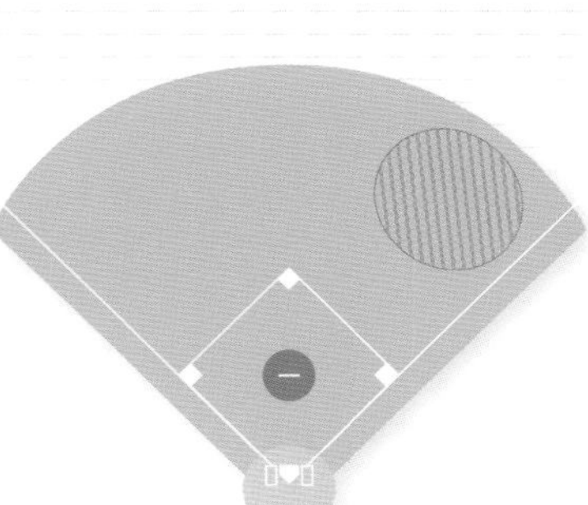

ライトの守備範囲

ライトは外野の右側が基本の守備位置。ここからセンターやファーストのカバーもおこなう。

野球の知識❷ グローブの選び方

軟式用・小学生向けのオールラウンドタイプで決まり!

グローブの種類

使用球	軟式用	硬式用
年齢	小学生用	大人用
ポジション	オールラウンド	ポジション別

はじめてのグローブは天然皮革の軟式用オールラウンドタイプがよいだろう。

実際に着用して手に合うものを選ぶ

自分の手に合わないグローブは使い物にならないので、かならず実際にはめてから買う。自分のポジションが決まっていたら、ポジション別グローブもよいが、小学生のうちはオールラウンドタイプがよいだろう。

また、ピッチャーはグローブの色に決まりがあるので、事前にコーチなどに確認すること。

グローブサイズの目安

指の第二関節が見える場合は、指が先まで届いていない可能性が高く、サイズが大きいといえる。

腕を下げたときにグローブがスポッと落ちたり、腕を回してグローブが抜ける場合はサイズが大きすぎる。

保管方法

使用後に土や汚れを乾燥した雑巾などで落としてから、風通しのよい日陰で型が崩れないように縦にして保管する。

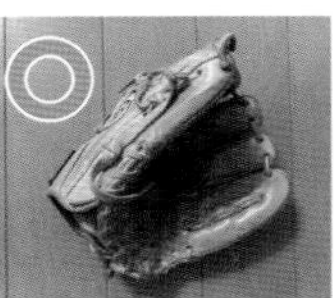

バッグに入れたままにしていると、型がくずれ右上のようにポケットがつぶれてしまう。こうなるとボールをとりづらい。

グローブの型づけ方法

買ったばかりのグローブは硬いので、やわらかくしながらポケットをつくる。これを「型づけ」とよぶ。

1 オイルを塗る

革は乾燥するとヒビ割れたりするので全体にうすくオイルを塗る

2 グローブの関節を曲げる

左の2カ所をくり返し曲げてやわらかくする

3 ポケットをつくる

ひとりキャッチボールをしたり、専用のハンマーなどでたたき、ポケットをつくる

野球の知識③

バットの選び方

バットの長さや重さだけではなくふったときの感覚で選ぼう！

素材から選ぶ

アルミ	安価であり、耐久性もある。比較的軽く、1本目のバットにおすすめ。
カーボン	独特のしなりがあり飛距離が出やすい。また軽量のためあつかいやすい。
ジュラルミン	硬い金属のため飛距離や耐久性が高い。ただし高価であり、やや重さもある。
複合バット	いくつかの素材を組み合わせており、高価だが飛距離が格段に上がる。
木製バット	やや重く折れてしまうこともある。1本目のバットには不向き。

今の自分の身長に合ったものを選ぶ

バットは、実際に自分の手でさわり、ふったときの感覚で選びたい。長さや重さだけで購入すると、しっくりこないということがある。また、先を見据えて長めのバットや重いバットを買うのもさけたい。今の自分に合わないバットを使うと、スイングが不安定になったり、悪いクセがついてしまうこともあるので注意しよう。

素材はさまざまなものがあるが、1本目であれば、コスパに優れたアルミがよいだろう。複合バットはリーグによっては使用が禁止されている。

長さから選ぶ

バットの長さに正解はなく、プロ選手でも長めや短めを選ぶ人もいる。ここでは目安となるバットの長さの測定方法を紹介する。

目安となる長さの測り方

1 グリップをアゴの下あたりにセットする

2 腕をのばしヘッドに指をかける

指が先端にかかる長さがひとつの目安。かからなければ少し短いバットを。手のひらまでかかれば長いバットを選ぼう。

重心位置から選ぶ

トップバランス

パワーヒッター向き。先端に重みがありスイングスピードが上がる。

特徴
- ○ スイングスピードが上がる
- × 重く感じ、筋力がないと大ぶりになりやすい

ミドルバランス

バランスタイプ。中央部に重みがあってあつかいやすい。1本目のバットにおすすめ。

特徴
- ○ バランスがよくあつかいやすい
- × とくになし

カウンターバランス

手前に重みがありバットコントロールがしやすいが、スイングスピードが上がりづらい。

特徴
- ○ バットが軽く感じ、ミートしやすい
- × スイングスピードが上がりづらい

トップ、ミドル、カウンターの3種類あるので、実際に手にとり、ふってみた感覚で選ぼう。

バッティンググローブ

使用するメリット

◎ グリップ力が上がる
◎ 手のひらのマメができづらくなる
◎ 衝撃から手を守る

グリップが太くてしっかりにぎれないときに、バッティンググローブがあると安心だ。またマメもできづらくなるため、毎日すぶり練習をおこなう人にもおすすめ。

こんなときはどうなるの!?
はじめての少年野球のルール

原則として2023公認野球規則に基づいています。

Q スイングしたら、間違えてバットがキャッチャーミットに当ってしまいました。

A スイングしたバットがミットに当たると「打撃妨害」となり、結果にかかわらず、そのバッターは一塁へ進める。

Q 自分で打った打球をけってしまいました。どうなりますか?

A 自分の打球に当たった場合は、その場所によって判定がことなる。フェアグラウンド内であればバッターアウトとなり、バッターボックス内であれば自打球でファウルとなる。

Q 三振をしたのに、コーチに「一塁まで走れ！」といわれました。なぜですか？

A 三振をしたときに、キャッチャーがボールを落としたら「ふり逃げ」となり一塁へ走ることができる。ただしこのふり逃げは、ランナーが一塁にいないとき、または一塁にいるがツーアウトのときに限られる。

Q ヒットを打ったあとに打順を間違えていたことに気がつきました。どうすればよいですか？

A 守備側のチームが、次のバッターに投球する前に審判へアピールをすれば、ヒットは取り消され、本来入るべきバッターが記録上アウトとなる。アピールがなければそのまま続けられる。

Q バンソウコウを指に巻いたまま投げようとしたら、審判に注意されました。

A ピッチャーには多くの禁止ルールがある。指にバンソウコウを巻くのはそのうちのひとつ。ほかにも、手にツバをつける、ボールをユニフォームなどでこする、または傷つけるなども禁止されている。

Q ピッチャーをしていて、投げる途中にボールを落としてしまいました。

A プレートにふれているピッチャーが、偶然であろうと、ボールを落としたら「ボーク」となる。ランナーがいなければボールカウントがひとつ増え、ランナーがいれば進塁となる。

Q 打たれたくないので、バッターがちゃんとかまえる前にボールを投げました。

A これは「クイックピッチ」とよばれ、反則投球になる。ランナーがいなければボールカウントがひとつ増え、ランナーがいれば進塁となる。ピッチャーはバッターがかまえてから投げなければいけない。

Q グレーのグローブをつけてマウンドに上がったら、審判に止められてしまいました。

A 野手とは違い、ピッチャーはグローブの色に制限がある。グローブは一色でなければならず、また白いボールと区別がつきづらい白やグレーのグローブを使用することも禁止されている。

Q 内野フライをとろうとしていたら、審判が「インフィールドフライ！」と言いました。どういうことですか？

A これはフライをわざと落としてダブルプレーをねらうことを防ぐためのルール。ノーアウトまたはワンアウトで、ランナー一・二塁、または満塁のときに、バッターが打ち上げたフェアの飛球に対して、審判が「インフィールドフライ」とコールした場合、バッターアウトとなり、ランナーは元の塁に戻される。

Q するどい打球がとんできて、走っているランナーに当たってしまいました。

A 野手が処理する前の打球にランナーがふれた場合、それがわざとではなくても「守備妨害」となり、ランナーはアウトとなる。このときバッターはヒットとなり一塁に進める。

Q ラインギリギリを転がったボテボテの打球が、ライン上でピタッと止まってしまいました。

A グラウンドに引かれているラインは幅が約7.6cmあり、このライン上、またはボールの一部がラインにふれているときはフェアとなる。グラウンドによってはラインがくぼんでいることがあり、ボールが止まりやすいので注意しよう。

Q ツーアウト、一・三塁。打球はショートゴロで急いで二塁に投げてアウトにできましたが、三塁ランナーも同じタイミングで本塁につきました。どうなりますか?

A スリーアウト目がタッチを必要としないフォースアウト(156ページ)の場合、ランナーが本塁へ進んでもチェンジで無得点となる。

Q タッチをよけるために、外野の方まで逃げたら「アウト」を宣告されました。

A ランナーが走っていいエリアは、塁間を結んだライン上から両側へ約91cmまでと決められており、タッチをさけるために、それ以上はなれるとアウトになる。

Q バッターが打ったので、一塁から二塁へ走ったのですが、二塁でタッチされていないのに「アウト」を宣告されました。

A バッターが一塁にくるので、一塁ランナーは二塁へ進まなければならない。このように次塁へ進まなければならない状況では、ランナーにタッチせずとも、その塁をふめばアウトになる。これを「フォースアウト」とよぶ。

Q ランナー二・三塁。三塁ランナーがはさまれているので、三塁へ進塁したら、はさまれていたランナーが三塁へ戻ってきました。

A ひとつの塁にはひとりのランナーしか立てない。これを「塁の占有権」とよぶ。フォースプレー以外では、前にいるランナーに占有権があるので、この場合は二塁ランナーが三塁を明け渡さなければならない。

Q 一生懸命走っていたら、前を走っていたランナーを追いこしてしまいました。

A 前にいるランナーをおいこすと、そのおいこした側のランナーがアウトになるので注意しよう。これはホームランでも適用されるので忘れないように。

これだけは覚えておきたい 少年野球の用語集

あ行

アピール
守備側のチームが、攻撃側のチームのプレーが違反であること審判に指摘すること。ベースをふんでいない、打順が違うなどがある。

インフィールドフライ
特定の条件下でフライを打ち上げた場合にコールされ、バッターアウトとなりランナーは帰塁する（➡154ページ）。

エンタイトルツーベース
バッターやランナーが2つ先の塁へ進む権利を得ること。主にフェア打球がバウンドしてグラウンド外に出ることで起こる。

オブストラクション
ボールをもっていない野手が走っているバッターやランナーの走行を妨害すること。「走塁妨害」ともよぶ。

か行

クロスプレー
野手とランナーが接近し、アウトとセーフの判定がきわどい状態になるプレー。本塁で起こるクロスプレーには危険回避のため特別なルールがある。

コールドゲーム
大きく点差が開いたり、試合を続けることが難しい天候となったときに、試合を途中で打ち切ること。試合は成立。適用条件はリーグなどによってことなる。

さ行

サスペンデッドゲーム
後日に続きをおこなうことを決めたうえで、試合を一時停止すること。

四球
ひとりのバッターに対してボールカウントが4つになること。バッターは一塁へ進む。「フォアボール」ともよぶ。

死球
投球されたボールがバッターに当たること。ただしバッターが故意に当たった場合は適用されない。「デッドボール」ともよぶ。

セットポジション
ランナーがいるときなどに用いるピッチャーの投法のひとつ。モーションが小さくすばやく投げられる。
⇕ワインドアップ

た行

タイブレーク
延長戦になったときに、早期に決着をつけるためにおこなうゲーム方法。一般的にはノーアウト一・二塁の状態からプレーを開始する。

タイム
プレーを停止させること。審判のコールによって発動される。それぞれのチームがタイムを要求できる回数は各リーグなどによって定められていることがある。

な行

ノーヒットノーラン
先発ピッチャーがヒットや得点を許さずに試合終了まで投げ切ること。さらに四死球やエラーもない試合を「完全試合」とよぶ。

は行

パスボール
ピッチャーがキャッチャーの通常の守備で処理できる投球をしたにもかかわらず、キャッチャーが捕球できずランナーを進塁させること。
⇔ワイルドピッチ

バッターランナー
バッターボックス内での打撃が終わり、出塁してプレーが切れるまでの間のバッターのよび方。「打者走者」ともよぶ。

バッテリー
ピッチャーとキャッチャーをセットにしたときのよび方。

ファンブル
ボールをつかみそこねて落としそうになったり、地面に落としてしまうこと。

フィルダースチョイス
ランナーがいる場面で内野ゴロを捕球し、一塁に投げてバッターランナーをアウトにせず、ほかの塁に投げてランナーをアウトにしようと試みるが、結果としてアウトにできず、ランナーが増えてしまうこと。

ボーク
ピッチャーが投球上のルールを犯すこと。ボークになると、ボールカウントがひとつ増えるか、ランナーがいれば進塁となる。

ボールインプレー
ゲームが止まっていない状況。ランナーは進塁を試みることができる。⇔ボールデッド

ボールデッド
タイムがコールされたり、グラウンド外へボールが出て、ゲームが止まった状態。
⇔ボールインプレー

ら行

ランダウンプレー
塁間でランナーをはさみアウトにしようとすること。「挟殺プレー」ともよぶ。

ロージンバッグ
投手が使うすべり止めの粉を入れた白い袋。

わ行

ワイルドピッチ
ピッチャーがキャッチャーの通常の守備では処理できないような投球をすること。「暴投」。ピッチャーにエラーが記録される。⇔パスボール

ワインドアップ
投法のひとつで、ピッチャーがふりかぶってから投げる。
⇔セットポジション

★監修

JBS武蔵

東京や埼玉など、関東を中心に小中学生へ野球の個別指導をおこなっている。これまで1000人以上への指導実績があり、子どもたちの成長のため日々精力的に活動している。

STAFF

モデル	東都クラブ 京葉ボーイズ
制作	株式会社 多聞堂
構成・執筆	上野　茂
デザイン・カバー	シモサコグラフィック
写真撮影	清野泰弘
イラスト	楢崎義信
DVD編集	滑川弘樹
企画・編集	成美堂出版編集部　原田洋介・池田秀之

DVD付き はじめての少年野球

監　修　ＪＢＳ武蔵（ジェービー エス むさし）
発行者　深見公子
発行所　成美堂出版
〒162-8445　東京都新宿区新小川町1-7
電話(03)5206-8151 FAX(03)5206-8159
印　刷　共同印刷株式会社

ISBN978-4-415-32808-9
落丁・乱丁などの不良本はお取り替えします
価格はカバーに表示してあります